ORTRUD GRÖN
„Ich habe einen Traum."

ORTRUD GRÖN

mit CHRISTOPH AMEND und
TILLMANN PRÜFER

„Ich habe einen Traum."

Was hat er zu bedeuten?

LUDWiG

FSC

Mix
Produktgruppe aus vorbildlich
bewirtschafteten Wäldern und
anderen kontrollierten Herkünften
Zert.-Nr. GFA-COC-001262
www.fsc.org
© 1996 Forest Stewardship Council

Verlagsgruppe Random House FSC-DEU-0100
Das für dieses Buch verwendete
FSC-zertifizierte Papier *Munken Premium*
liefert Arctic Paper Mochenwangen GmbH.

Die Zeichnungen auf S. 1 und 251 sind von Ortrud Grön,
in der Nacht aus dem Unbewussten entstanden.

Redaktion: Silke Uhlemann, München

ISBN: 978-3-453-28004-5

http://www.ludwig-verlag.de

INHALT

EINLEITUNG

Wer kennt das nicht: Man wacht morgens auf und ist noch halb benommen, da schießen einem Bilder, Sätze, Szenen durch den Kopf – aus dem Traum der vergangenen Nacht. Doch in welchem Zusammenhang stehen diese Fetzen? Wofür stehen bestimmte Motive? Was haben unsere Träume uns zu sagen?

Die meisten Menschen schütteln ihre Träume spätestens ab, wenn sie aufgestanden sind. Manchmal erzählt man dem Partner davon, doch mehr als ein ahnungsloses Achselzucken bleibt oft nicht übrig. Der nächste Tag beginnt, mit neuen Hoffnungen und Wünschen, mit alten Sorgen und Nöten, da ist nur selten Zeit, um sich mit den eigenen Traumbildern zu beschäftigen.

In der Lauterbacher Mühle an den Osterseen aber, eine knappe Stunde von München entfernt, lebt eine Frau, die sich diese Zeit seit Jahrzehnten nimmt. Ortrud Grön, Jahrgang 1925, hat einen Leitfaden entwickelt, der es jedem ermöglicht, seine eigenen Träume zu verstehen. Sie hat in den Sechzigerjahren eine private Herz- und Kreislaufklinik gegründet und lange Jahre geleitet. Ortrud Grön arbeitet bis heute als Traumtherapeutin und hat zwei Fachbücher geschrieben, in denen sie ihre Analyse erstmals veröffentlichte: »Das offene Geheimnis der Träume«, erschienen bei Kore Edition, und »Pflück dir den Traum vom Baum der Erkenntnis«, erschienen im EHP Verlag.

Als wir uns Anfang des Jahres 2008 auf den Weg zu den Osterseen machten, wussten wir trotzdem nicht sehr viel über Ortrud Grön. ZEIT-Chefredakteur Giovanni di Lorenzo hatte uns auf sie aufmerksam gemacht. In seiner Fernsehsendung »Drei nach Neun« hatte sie das Publikum fasziniert mit einer kurzweiligen Deutung von Schlangen, die durch Träume kriechen. Und da wir in der Redaktion des ZEITmagazin uns ohnehin jede Woche mit diesem Thema beschäftigen (in unserer Rubrik »Ich habe einen Traum«), wollten wir nun von Frau Grön wissen, um was es wirklich geht, wenn wir träumen.

Wir saßen ihr also bald darauf gegenüber, erzählten von Träumen, die wir von Bekannten, Freunden und Kollegen gehört hatten – und sie fragte, erklärte, ordnete ein, berichtete auch von ihren eigenen Träumen. Das Ergebnis unseres Gesprächs erschien als Titelgeschichte im ZEITmagazin und löste ein gewaltiges Echo aus. Hunderte von Mails und Briefen trafen innerhalb weniger Tage ein, alle mit der Bitte versehen, Frau Grön möge doch folgenden Traum analysieren, der einen seit Jahren nicht loslasse. Über Monate nahm sich Frau Grön die Zeit und beantwortete viele der Briefe auf unserer Internet-Seite www.zeitmagazin.de, führte mit zahlreichen Lesern längere Gespräche, um ihnen bei der eigenen Analyse zu helfen.

So entstand die Idee zu einem Buch, das alle wichtigen Fragen zu ihrer Traumarbeit beantwortet – und zudem ihre eigene, sehr bewegte Lebensgeschichte erzählt. Wir reisten also wieder an den Ostersee und quartierten uns für längere Zeit ein.

Jeden Morgen um neun Uhr gingen wir den schmalen Weg vom Gebäude der Klinik zur Alten Mühle, in der Ortrud Grön seit vier Jahrzehnten lebt.

Sie empfing uns mit Kaffee und Kuchen, und dann begannen unsere Gespräche über ihr Leben und ihre Philosophie, darüber, was Träume bedeuten – und wie wir uns den Fragen unseres eigenen Lebens stellen können. Pünktlich um halb eins verabschiedeten wir uns, kehrten nach der Mittagspause zurück und redeten weiter, bis es dunkel wurde. Dieses Buch ist auf der Basis der über dreißig Stunden währenden Aufzeichnungen unserer Gespräche entstanden, die wir miteinander führten.

Wenn bei den Interviewern mal kurz die Konzentration nachließ, so konnten wir uns auf die unglaubliche Energie von Ortrud Grön verlassen, die vom Alter her unsere Großmutter sein könnte – im Kopf und im Herzen aber so jung ist, dass wir uns manches Mal ganz schön alt vorkamen. Sich mit den eigenen Träumen zu beschäftigen, hält jung, diese Erkenntnis kann nach unserem Besuch in der Alten Mühle als gesichert gelten.

Christoph Amend und Tillmann Prüfer
Berlin im Januar 2009

WIE ICH DAZU KAM, TRÄUME ZU ERFORSCHEN

Ich schreibe alle meine Träume auf. Seit Jahrzehnten. Ich habe heute 64 Ordner voll, es müssen Tausende von unterschiedlichen Traum-Motiven sein. Ich hole mir immer wieder etwas aus den Ordnern hervor, um nachzuvollziehen, wie ich mich entwickelt habe.

Keiner fühlt mich – meine Gefühle sind unwichtig – meine Gefühle haben keine Macht – meine Gefühle interessieren den anderen nicht.

Das sind Sätze aus einem Traum, der mich in der Mitte meines Lebens bewegte. Er gab mir einen wichtigen Hinweis zu einem Zeitpunkt, als ich begann, mich mit meinen Kindheitsnöten auseinanderzusetzen: Was war diesem Traum vorausgegangen, woher kam diese Hoffnungslosigkeit?

1925 in Berlin als erstes von vier Kindern geboren, geriet ich gleich in meiner Säuglingszeit in seelische Nöte: Meine Eltern ließen mich oft bis tief in die

Nacht allein, wenn sie zu Wahlreden in der Stadt unterwegs waren, denn mein Vater war Redner der NSDAP. Niemand hörte dann mein Weinen und Schreien. Und als ich später im Ställchen saß, verlangte mein Vater, dass ich absolut still zu sein habe, weil er schlafen müsse. Wie jedes Kind, suchte auch ich instinktiv nach einem Ausweg: Da ich ja doch nicht gehört wurde, zeigte ich keine Gefühle mehr. Eine weitere schlimme Erfahrung war für mich zu begreifen, dass meine Mutter ihre beiden Söhne mehr liebte als die beiden Töchter. Das machte mich traurig, und so versuchte ich stattdessen die Liebe meines Vaters zu gewinnen. Er mochte es, wenn ich als Schulkind bei ihm saß und seinen Gedanken über das Leben lauschte. Um mich seiner Liebe zu versichern, übernahm ich seine Pflichtauffassung: dem Vaterland zu dienen und Disziplin im Leben zu halten. Ich machte seine Fantasien und Gedanken zu meinen. Meine eigenen Bedürfnisse verdrängte ich, denn sie machten mich verletzlich.

In der späteren Auseinandersetzung mit meinen kindlichen Nöten und dem Verzicht auf eigene Wünsche träumte ich schließlich Folgendes:

Ich sah lauter Kinderfotos, die frühesten von mir. Danach sah ich ein Bäumchen, das an den Wurzeln von Insekten befal-

len war. Besonders große Ameisen waren dort am Werk.
Und schließlich fiel das Bäumchen um.

Die besonders großen Ameisen bringen zum Ausdruck, wie fleißig ich schon am Anfang, an der Wurzel meines Lebens, war, indem ich den Erwartungen meiner Eltern nachkam. Im Alter, in dem Kinder im Allgemeinen spielen, übernahm ich bereits viele kleine Pflichten. Mit vier Jahren musste ich für meinen zweieinhalbjährigen Bruder sorgen, wenn die Eltern – wie so häufig – unterwegs waren. Unter solchem Verantwortungsdruck konnte mein kleiner Lebensbaum nicht wachsen und fiel um.

Die Pflichtauffassung meines Vaters wurde damals der Nährboden für meine Beziehung zum Nationalsozialismus. Als Jugendliche stellte ich ihn noch nicht in Frage. Mit zehn Jahren wurde ich Mitglied beim Bund Deutscher Mädchen. Ich liebte Geräteturnen, Leichtathletik und Musik und hatte Freude daran, auch die Gruppe dafür zu begeistern. Dabei merkten wir Kinder nicht, wie unkritisch wir zum Teil des Systems wurden.

Meine Schulzensuren reichten über das ganze Notenspektrum, und wenn ich auch in Fächern wie Mathematik eigentlich nicht besonders talentiert war, so konnte ich doch den Lehrer sehr gut anlächeln.

Einmal in der Woche hatten wir Kochunterricht. Damals ahnte ich nicht, wie mir ausgerechnet dieser Unterrichtsstoff ein paar Jahre später, nach Ende des Krieges, helfen würde, meine Familie vor dem Hunger zu retten.

Mein Vater war bis 1933 Stellvertreter von Goebbels im »Gau Berlin«. Er hatte sich zwar mit ihm politisch verständigt, aber menschlich nicht vertragen. Deshalb nahm mein Vater 1933 den Ruf zum Stadtrat für das Schulwesen an und übte dieses Amt mit großem Einsatz aus. Für mich ist es bis heute unbegreiflich, wie er sich mit Überzeugung dafür einsetzte, die Bäume auf den Schulhöfen zu erhalten, und gleichzeitig dafür sorgte, dass alle jüdischen Lehrer aus den Schulen entlassen wurden. Welch unfassbarer Widerspruch!

Als Goebbels im Krieg auch für den Schulbereich zuständig wurde, wollte sich mein Vater ihm nicht aussetzen und meldete sich 1941 freiwillig als Offizier in den Krieg. Erkrankt kehrte er Ende 1943 aus dem Osten zurück und wurde 1944 zum Oberbürgermeister von Görlitz ernannt. Nach Ende des Kriegs wurde er in Hoheneck inhaftiert und 1948 wegen seiner Rolle im Nationalsozialismus in einem Schauprozess in Görlitz hingerichtet. Mein Bruder Gerhard fiel in den letzten Kriegsmonaten an der Ostfront.

Der Ausgang des Kriegs löste in mir eine spontane Klarheit über die Täuschung aus, in der wir alle gelebt hatten. Mir wurde erst dann klar, wie sehr sich die Ideologie in unseren Kinderköpfen festgesetzt haben musste. Ich erinnere mich noch heute an einen Augenblick, als mir vier Mädchen begegneten, die Judensterne trugen. Ich wunderte mich darüber, wie sie miteinander lachten und scherzten, und dachte: Ob die das wohl dürfen? Dieser armselige Gedanke wird mich bis an mein Lebensende mit Scham erfüllen.

Vieles am politischen Verhalten meines Vaters ist mir im Alter von 20 Jahren unfassbar gewesen, aber eines kann ich noch heute verstehen: seine Angst vor dem Kommunismus, die ihn zur NSDAP drängte. Denn die kommunistische Diktatur nimmt dem Menschen die Freiheit – Freiheit aber ist für den Menschen die wichtigste Grundlage, um seine individuellen Kräfte zu entfalten.

Ernüchtert und sachlich wandte ich mich am Ende des Kriegs der dringendsten Aufgabe zu: meiner Mutter und meinen kleineren Geschwistern zu helfen. Zunächst floh ich mit ihnen nach Thüringen. Meine Mutter erblindete nach der Verhaftung meines Vaters, als ob sie die Welt ohne ihn nicht mehr wahrnehmen mochte. Ich arbeitete drei Jahre lang auf einem

Gut auf dem Land als Magd: melken, Mist einlegen, Rüben hacken, Hühner und Schweine füttern. So konnte ich meine Familie mit Lebensmitteln versorgen.

Als die Russen kamen, machten sie mich zur »Köchin der Roten Armee«. Ich hatte keine Angst, mir geschah auch nichts Böses. Vielleicht war mein besonderer Schutz, dass ich einen spielerischen Umgang mit den russischen Soldaten entwickelte. Nach einem Vierteljahr aber wurde ich wegen »Sabotage« entlassen – vielleicht, weil ich Hühner für ein Nachbargut »entführt« hatte.

Nach dieser Zeit sehnte ich mich danach zu studieren: Literatur, das Lieblingsfach meiner Schulzeit. Ich floh aus der sowjetischen Besatzungszone in den Westen. Meine Mutter lag zu dieser Zeit im Krankenhaus und starb vier Wochen nach der Hinrichtung meines Vaters. Es war eine Erlösung für sie, wie auch für meinen Vater der Tod eine Erlösung aus seinen Irrtümern wurde. Meine Geschwister waren in der Zwischenzeit zuerst im Heim und dann in Pflegefamilien untergebracht worden.

In Hamburg verdiente ich das Geld für mein Studium als Nachtwächterin auf einem riesigen Trümmergelände, ich gab Schülern Grammatikunterricht und gründete schließlich gemeinsam mit einer Freundin das Schreibbüro »Die Schreibengel«. Dort lernte ich meinen Mann kennen. Er war sehr viel älter als ich – ein zutiefst unglücklicher Mensch, der zwischen Aggression und Humor sein Leben balancierte. Er besaß eine chemische Fabrik, kleine Tonbergwerke und die Lauterbacher Mühle an den Osterseen in Oberbayern. Nach und nach übertrug er mir eine Aufgabe nach der anderen in seinen Betrieben. Darin fand ich eine neue Art von Sicherheit. Ich brach das Studium ab, aber durch die Größe der Aufgaben ergriffen langsam wieder die alten Pflichtgefühle von mir Besitz. Wir heirateten. Es folgte eine schmerzliche Auseinandersetzung, weil mein Mann keine Kinder wollte. 1955 wurde schließlich unsere Tochter geboren.

Nach und nach verlor ich in dieser Ehe und aufgrund der vielen Aufgaben in der Firma das Gefühl für meine eigenen Bedürfnisse. Als ich in eine seelische Krise geriet, suchte ich den Zen-Meister Karlfried Graf von Dürckheim auf und erzählte ihm von einem Traum:

Ich betrete meinen Pferdestall und erschrecke. Die Pferde sehen müde und mager aus. Sie wirken krank.
Voll Entsetzen blicke ich nach meinem eigenen Pferd – der Stute Lava – in der Hoffnung, es gehe ihr anders. Doch

auch sie ist abgemagert, lässt den Kopf hängen und ist total
verlaust.
Voller Verzweiflung verlasse ich den Stall.
Als ich mich noch einmal umsehe, brennt der Stall lichter-
loh.

Lava, meine Araberstute, war temperamentvoll, sensibel und etwas kapriziös. Ich erschrak, als Graf Dürckheim mir erklärte, dass Pferde unsere vitalen Gefühlskräfte spiegeln und die verlauste Lava ein Teil von mir selbst sei. Was um Himmels willen war in mir so verlaust? War mein Gefühlsleben so krank?

Tiere sind emotionale Wesen, und jede Tierart hat ihr ganz spezifisches Verhalten entwickelt. Pferde zeichnen sich durch ihre vitale Kraft und Bewegungsfreude aus. Und besonders Reitpferde lehren uns, inwieweit wir Herr unserer Gefühle sind: das heißt, wie wir unsere Gefühle »reiten«, ob wir sie zu hart an die Kandare nehmen, ihnen zu sehr die Sporen geben, die Zügel schleifen lassen oder ob die Gefühle gerade mit uns durchgehen. Mir wurde klar, dass wir unsere Gefühle in allen Gangarten reiten können und es genießen, uns befreit dem Flug der Hufe zu überlassen. Lava aber stand im Traum armselig, von Läusen befallen, da. Es brauchte eine Zeit intensiver Gespräche und neuer Erfahrungen, bis ich erkennen konnte, was ich ändern musste. Nach einem Jahr gebar ich im Traum ein Fohlen. Ich war dabei zu begreifen, was es heißt, die eigenen Gefühle auf die Weide zu lassen.

Die aufkeimende Freude an mir selbst erfuhr jedoch eine tiefe Erschütterung, als ich einen Mann, einen Physiker, kennenlernte, der mir einen Reichtum an Gefühlen schenkte, dessen Gefühle wie Musik auf mich einströmten. Nach wenigen Monaten musste er plötzlich aufgrund einer Erkrankung zur Behandlung nach Amerika. Äußerlich gelang es mir, Haltung zu bewahren, aber im Inneren brach der Panzer meiner Schutzhaltung auf. Ich geriet in eine Psychose, die zwei Jahre lang anhielt.

Als ich eines Tages begriff, dass ich einer Illusion nachlief und Täuschungen erlag, und mir diese mitleidslos eingestand, wichen alle psychosebedingten Vorstellungen von mir. Die Psychose war überstanden, ich war schlagartig geheilt.

Vier Wochen später, 1964, starb mein Mann völlig unerwartet an einem Herzinfarkt. Wieder wendete sich mein Leben. Jetzt musste ich mich allein um alle unsere Betriebe kümmern und mit Erschrecken feststellen: Wir hatten Schulden über Schulden. Wie sollte ich damit umgehen?

Zu diesem Zeitpunkt passierte etwas, was mir bis heute noch nahezu unfassbar ist: Der Physiker, der Mann, den ich liebte, stand plötzlich – schwarz gekleidet – vor meiner Tür. Etwa wegen des Todes meines Mannes? Nein, seine Frau war bei einem Autounfall ums Leben gekommen. Nun ging er auf mich zu, weil er dachte, wir seien jetzt frei füreinander. Und da geschah das Furchtbare: Ich war so voller Schamgefühl wegen der Schulden, so überfordert, dass ich ihm sagte, es gehe nicht. Ich könne jetzt mit niemandem zusammenleben, ich könne das niemandem zumuten.

Wie ich die Schulden wieder loswurde? Ein Patient der Lauterbacher Mühle, die damals noch ein landwirtschaftlicher Betrieb mit 20 Betten für Kurgäste war, konnte mir helfen. Bei seinem ersten Besuch stellten wir uns bei der Begrüßung einander vor. »Grön« – »Gröninger«. Er hieß wirklich so! Wir schmunzelten: War er wirklich eine Steigerung von mir? Ich merkte schnell, dass er sich in einer tiefen Verzweiflung befand. Drei Tage lang begleitete ich ihn durch intensive Gespräche. Weil ich so viel für ihn getan habe, bat er mich, auch etwas für mich tun zu dürfen. Ungläubig zögerte ich. »Was haben Sie denn für einen Beruf?«, fragte ich. »Wirtschaftsprüfer« war die Antwort. Ich war überrascht und erfreut, denn zum ersten Mal konnte ich all meine Sorgen aussprechen. Er übernahm die Verhandlungen mit dem Gläubiger, und schließlich war ich aus der Ungewissheit erlöst: Ich konnte die Mühle behalten und trennte mich von allen anderen Betrieben.

Weshalb hing ich so an meiner Mühle? Als meinem Mann 1958 der Gedanke kam, aus dem landwirtschaftlichen Betrieb ein Kurhaus zu entwickeln, war ich voller Freude spontan darauf eingegangen – mit einer im Nachhinein gesehen fast beängstigenden Naivität. Ich hatte damals unter recht abenteuerlichen Voraussetzungen angefangen, »Kurhaus« zu spielen: strohgefüllte Bauernbetten, Wasser, das aus dem Lauterbach kam, vier KW Strom, wenn sich das Mühlrad drehte, und tägliche Lichtspiele mit verglimmenden Glühbirnen, Kerzen und Zeltlampen, wenn der Strom versiegte. Bier und Butter lagen im Eiskeller, gekühlt mit selbst gesägtem Eis aus dem Ostersee. Die Zimmer waren schmal wie Handtücher und hatten spartanische Sanitäranlagen noch aus Müllers Zeiten.

Natürlich war der erste Doktor ein Kneipp-Arzt. Wer sonst hätte so viel Freude an einer »Nicht-Klinik« haben können, deren Reiz darin bestand, dass sich das Mühlrad drehte, die Vögel vor den Fenstern zwitscherten und das Heu in die Zimmer hineinduftete?

In dieser allerersten Zeit roch es noch so schön nach Kuhstall, weil wir zusammen mit den Kühen unter einem Dach lebten. Dann begann die große Wandlung. Die Scheune verwandelten wir in bescheidene Zimmer, die Kühe siedelten in die alten Pferdeställe um. Nachdem ein neuer Internist unser medizinisches Konzept, das vor allem aus dogmatisch verordneter vegetarischer Kost bestand, entideologisiert hatte, wurde die Mühle 1969 eine Herz-Kreislaufklinik. Professor Max Halhuber, damals Chefarzt der Klinik Höhenried am Starnberger See und unser wichtigster Berater, hatte aus Israel neue Anregungen zur Rehabilitation von Herz- und Kreislaufkranken mitgebracht. Seine Vorstellung, Herzinfarktpatienten nicht zur Passivität und der damit häufig verbundenen Resignation oder Depression zu verdammen, sondern ihnen eine Flucht nach vorne zu verschreiben, zog mich an. Was heute selbstverständlich geworden ist, war damals noch medizinische Revolution.

Als Anfang 1970 meine finanzielle Situation einigermaßen in Balance war, erfüllte ich mir den Wunsch, verschiedene psychologische Ausbildungen zu durchlaufen und gleichzeitig eine Analyse bei einem Lehranalytiker zu machen. Das alles geschah neben dem Aufbau und der Leitung der Klinik.

In dieser Zeit verstärkte sich mein Interesse an der Traumarbeit. Ich begann zu erforschen, wie der Traum den Menschen hilft, sich zu verändern, um sich von den Altlasten der Seele zu befreien. Dabei stieß ich auf die Mythologie der alten Ägypter, deren Naturgottheiten mich neugierig machten. Die ägyptischen Mythen gestalten sich um die Geheimnisse von Tieren und Pflanzen. Ich wollte nun die Natur verstehen. Also verschlang ich Biologiebücher, fragte mich, was das Wesen eines Fuchses, eines Wolfs, eines Elefanten, eines Falken oder eines Nilpferdes sei. Was sagt mir die Tamariske und was der Gott des Chaos als Krokodil? Neben dem Aufbau der Klinik gab ich somit endlich meiner Jugendsehnsucht nach, die Mythen der Welt verstehen zu lernen.

Zu dieser Zeit überraschte mich ein Traum, in dem ich ein Kamel sah, dessen Maul sich zu einer Blüte formte. Der Traum spiegelte mir damit, dass ich bislang wie ein Kamel durch die Wüste gezogen war, in der meine tiefsten Wünsche dursten mussten. Er sagte mir, dass die Zeit in der Wüste vorbei ist und dass meine Wünsche jetzt wie Blumen aufblühen können.

Anfang der Achtzigerjahre legte ich die medizinische Leitung nach und nach in die Hände erfahrener Kardiologen. Es bildete sich ein engagiertes und kreatives Ärzteteam, das im Laufe der nächsten Jahre durch eine wachsende Anzahl von Atem-, Bewegungs-, Kunst- und Psychotherapeuten erweitert wurde. Die Spuren des Wachstums schlugen sich in den Neubauten der Mühle nieder. Das Wachstum vollzog sich ganz organisch – wie Jahresringe in einem Stamm. Wir schufen entsprechend den auftretenden Bedürfnissen neue Räume, und die Befreiung nach jedem Bauabschnitt war unvorstellbar groß. Inzwischen wurden 100 Patienten von 100 Mitarbeitern betreut.

In den Neunzigerjahren erfuhr ich das Glück, dass meine Tochter Sabrina ihre Liebe zur Gestaltung der Mühle entdeckte. Da fegte ein Sturmwind der Erneuerung durch alle Bauten, und sie übernahm dann auch die Leitung der Klinik. Ich aber wandte mich ganz und gar der Traumarbeit zu: Ich veranstaltete Seminare im In- und Ausland, schrieb mein erstes Buch und gründete gemeinsam mit anderen die Bayerische Akademie für Gesundheit. Ich folgte dem Ruf von Rundfunk, Fernsehen, Zeitungen und Kongressen und schrieb mein zweites Buch, das Lehrbuch »Pflück Dir den Traum vom Baum der Erkenntnis – Träume im Spiegel von Naturgesetzen«.

Jetzt bin ich 84 Jahre alt und sehr neugierig, was das Leben mir noch zumutet oder schenkt.

GRUNDSÄTZLICHES.
WARUM WIR TRÄUMEN

Ich möchte im Folgenden eine Szene aus einem psychologischen Seminar schildern: Eine Frau erzählte dort, dass sie von großen Schornsteinen geträumt habe, die in den Himmel ragten. Ihr Therapeut war sofort mit der Interpretation zur Stelle. Die Schornsteine seien Phallussymbole. Der Traum handle von sexuellen Wünschen, die sie in ihrem Bewusstsein verdränge – und die sich also des Nachts Bahn brechen müssten. Verständlicherweise war der Frau die Deutung reichlich unangenehm. Der Therapeut aber war sehr von der Lehre Sigmund Freuds geprägt. In seiner Vorstellung werden wir jede Nacht von sexuellen Triebbedürfnissen durch unsere Träume getrieben. Doch wer denkt schon an Sex, wenn er einen Fabrikschornstein betrachtet? Warum soll uns eine Assoziation, die uns am Tage völlig fern wäre, in der Nacht nah sein?

Die Welt in unseren Träumen ist voller Rätsel und alle Versuche, sie allgemeingültig aufzuschlüsseln, sind vergeblich. Wer seine Träume verstehen und nutzen will, muss in sich selbst hineinhorchen und die Inhalte der Bilder sowohl in ihrer natürlichen wie in der eigenen persönlichen Aussage verstehen lernen. Weder hilft es, die Träume auf etwaige Ausformungen zu untersuchen, die an einen Penis oder eine Vagina erinnern, noch ist es Erfolg versprechend, nach einem Traumlexikon zu greifen und die nächtlichen Eindrücke zu übersetzen, als seien sie Latein. Träume können eindeutig sein oder so vielschichtig, dass sie kaum dechiffrierbar erscheinen. Nur eines sind sie nicht: bedeutungslos.

In den Siebzigerjahren war die Interpretation sehr populär, dass Träume nichts als »Nervengewitter« seien. Nachts entlüden sich die Neuronen in einem wilden Stakkato von Impulsen. Das Gehirn versuche, aus diesem Chaos von Signalen Sinn zu machen, indem es wild assoziiere. Die so entstehende Traumhandlung sei ein reines Zufallsprodukt. Was für eine törichte Annahme. Genauso könnte man behaupten, jedes abstrakte Gemälde sei ein Zufallsprodukt – einfach, weil man es nicht versteht.

Mittlerweile vertritt das kaum noch ein Forscher ernsthaft. Aber viel klüger ist man dennoch nicht. Obgleich nie so viele Versuche wie heute unternommen worden sind, wissenschaftlich dem Phänomen Traum beizukommen. In Labors werden schlafenden Versuchspersonen Elektroden angelegt und ihre Gehirnaktivität gemessen. Oder sie werden immer wieder aufgeweckt und nach ihren Träumen befragt, die daraufhin in Tabellen eingetragen werden. Ist man dem Wesen der Träume dadurch näher gekommen?

Nun weiß man zwar, dass das Gehirn im Schlaf genauso beschäftigt ist wie im Wachzustand. Man hat gezählt, dass 80 Prozent der Menschen von Verfolgungsträumen berichten und fast genauso viele regelmäßig von Sex träumen. Und dass 73 Prozent der Menschen sich an Flug- und Fallerlebnisse im Schlaf erinnern. Aber der Erkenntnis, was ein Traum für den bedeutet, der ihn erfährt, kommt man damit nicht nahe.

Es macht keinen Sinn, sich einem Traum mit den Mitteln der Laborwissenschaft zu nähern. Das ist, als würde man versuchen, mit Messmethoden ein Bild von René Magritte zu erklären oder einen Roman von Franz Kafka. Mit solchen Kunstwerken aber haben Träume viel mehr zu tun als mit Nervengewittern. Sie sind mitunter das Kreativste, was der Mensch hervorbringt.

Menschen träumen von Haifischen, die statt Zähne Eichenbäume im Maul haben. Sie träumen von einer Schildkröte, die ein Pferd in einen Jahrmarkt hinein gebärt. Sie träumen von Kirchen mit schwebenden Dächern. Sie träumen von Kakteen, auf denen Krokodilsköpfe wachsen. Es sind Bilder von einer Tiefe und Vielschichtigkeit, die kaum aus zufälligen Nervenzuckungen entstehen können. Denn die Bilder, die in unseren Träumen entstehen, sind keineswegs willkürlich, wie wir noch sehen werden.

Sigmund Freud hat uns damit vertraut gemacht, dass Träume geheime Wünsche aufgreifen, die wir als Kind verdrängen mussten, und diese Bilder sexuellen Fantasien zugeordnet, die diese Wünsche verbergen. Carl Gustav Jung maß besondere Bedeutung den sogenannten Archetypen zu, Urbilder der Entwicklung, die den Menschen prägen wie Helden, Weise, Vater, Mutter, Kind, Tiere, Dämonen, Geburt und Tod etc. Ich selbst habe auf meinem Weg das Wesen der Natur zu ergründen versucht, um ihre Bilder in den seelischen Vorgängen des Menschen gleichnishaft zu verstehen: Das verlangt den Einblick in das unterschiedliche Verhalten von Tieren, in die Eigenarten der Pflanzen, in die Kräfte von Wasser, Luft, Erde, Sonne und Mond und alle aus diesen vier Naturkräften erschaffenen Werte.

Ich möchte eine eigene Sicht auf den Traum vorschlagen: Ich sehe die Träume als Theaterstücke, die sich in uns ereignen, um uns den Blick auf das eigene Leben zu öffnen. Träume helfen uns, aus unseren Erfahrungen zu lernen. Und wenn wir uns mit ihnen beschäftigen, werden sie zu unseren besten Freunden.

In früheren Zeiten war dieser Umgang mit Träumen selbstverständlich. In der Antike galten Träume als Botschaften der Götter. Bei den nordamerikanischen Indianerstämmen erzählten die Menschen morgens einander ihre Träume und halfen sich gegenseitig, sie zu klären. In unserer hektischen, auf Effizienz und Verwertbarkeit bedachten Welt haben wir weitgehend den Kontakt zu unseren Träumen verloren. Es gibt sogar Menschen, die behaupten, sie träumten nie. Das stimmt natürlich nicht. Jeder Mensch träumt, sogar mehrmals pro Nacht. Nicht jeden Traum kann man erinnern, aber die, die wir erinnern, sollten wir sofort aufschreiben, sonst entziehen sie sich uns.

Seit mehr als 40 Jahren erforsche ich Träume. Ich musste dafür keine Versuchsanordnungen aufbauen, keine Schläfer aufwecken und keine Statistiken aufstellen. Dabei habe ich nicht das Geringste darüber wissen müssen, welches Gehirnareal in welcher Schlafphase aktiv ist, stattdessen aber viel klären müssen, was und wie wir aus unseren Träumen lernen können. Träume machen mir sichtbar, wie die nächtlichen Bilder mit dem augenblicklichen Leben des Träumers zusammenhängen. Meine Arbeit hat mir gezeigt, dass die Bilder in den Träumen nicht zufällig erscheinen, sondern dass sie nur dazu dienen, uns mit unseren Ängsten, Wünschen und kreativen Möglichkeiten vertraut werden zu lassen.

Was erzählen uns zum Beispiel Hunde, die in unseren Träumen auftauchen, obgleich wir vielleicht gar nichts mit Hunden zu tun haben? Warum träumen wir von Walen und Elefanten, obwohl wir ihnen fast nie begegnen? Warum spielen Menschen in unseren Träumen eine große Rolle, die in unserem Leben allenfalls eine Randfigur sind? Der Nachbar, längst vergessene Schulfreunde, entfernte Verwandte? Sie sind alle Buchstaben in der Sprache unserer Träume. Eine Sprache, die jeder verstehen kann, der bereit ist, sich damit auseinanderzusetzen.

Die Träume ernst zu nehmen, bedeutet, sich selbst ernst zu nehmen. Träume verarbeiten das, was wir im Wachzustand erlebt haben, was uns beeindruckt und beschäftigt hat. Meist sind es die Ereignisse des Vortages, auf die unsere Träume reagieren. Die Wurzeln solchen Verhaltens sind aber häufig sehr viel älter. Träume sprechen in Bildern zu uns, manchmal auch in Worten. Die Bilder sind Gleichnisse. Sie haben immer einen gemeingültigen Charakter und wecken zugleich auch persönliche Erinnerungen und Assoziationen. Aus der Art und Weise, wie die verschiedenen Akteure in unseren Träumen zueinander stehen und handeln, entwickelt sich die Dynamik des Traumes. Und aus der Abfolge der Bilder entsteht eine Geschichte. Dabei ist jedes Detail wichtig, und alles, was wir von einem Traum erinnern, hilft uns dabei weiter, ihn zu verstehen. Träume produzieren nichts Überflüssiges.

Es gibt auch Träume, in denen der Träumer keine Bilder und Szenen sieht, sondern Worte und Sätze wahrnimmt. Dabei können die Sätze von einer Stimme als gesprochen empfunden werden oder als pure Formulierung erscheinen, als habe man sie in einem Buch gelesen. Ich nenne diese Sätze »Traumsätze«. Von solchen Träumen wird seltener berichtet. Es gibt aber Menschen, die sie außerordentlich oft empfangen, ich selbst gehöre dazu. Sie empfinden sie als sehr wertvoll, weil sie in ihren Botschaften besonders klar und konzentriert sind. So wie klar formulierte Gedanken. Ich werde noch öfters auf solche Wortträume eingehen.

In unseren Träumen setzen wir uns mit unseren innersten Wünschen auseinander und damit, wie wir unser Leben gestalten wollen. Wir nehmen im Alltag ganz selbstverständlich Bezug darauf, etwa, wenn wir herausfinden, wonach wir uns sehnen. Dann sagen wir: »Das wäre traumhaft!«

Meist wird im Schlaf ein ungelöster Widerspruch, den der Träumer hat, aufgeworfen und eine Lösungsmöglichkeit angedeutet. Gelegentlich provoziert der Traum dabei mit überraschend humorigen Einfällen. Aber auch, wenn wir eine Aufgabe im Leben schließlich gelöst haben, kann der Traum uns das widerspiegeln.

Wie können wir die Bilder eines Traumes entschlüsseln? Wichtig ist, dass wir verstehen: Der Traum meint immer uns. Wir spielen die Hauptrolle in unseren Träumen, und alles, was uns in den Träumen begegnet, sind wir selbst. In seltenen Fällen geht es um eine Person, mit der wir die Beziehung klären müssen und deren Eigenschaften nicht unsere sind.

Ein Beispiel: Im Traum taucht ein Arbeitskollege auf, mit dem wir wenig Kontakt haben. Dann sollten wir uns fragen: Was verbinden wir mit diesem Menschen? Verkörpert er für uns die Zielstrebigkeit, die wir an uns selbst vermissen? Oder empfinden wir ihn als besonders eitlen Menschen? Die Eigenschaften, die wir ihm zuordnen, bringen uns auf den richtigen Weg. Denn die Träume zeigen uns, dass wir uns selbst so verhalten. Sie zeigen auch, ob wir Bedürfnissen Raum geben oder sie zurückdrängen. Die Menschen in unseren Träumen sind wie Schauspieler, die uns gleichnishaft auf unser eigenes Verhalten aufmerksam machen.

Oft sind es auch Schlüsselpersonen, etwa aus unserer Kindheit, die uns im Schlaf begegnen. Vielleicht die Mutter, die uns als Kind Wärme gespendet hat. Oder der strenge Nachbar, der uns Furcht einflößte, oder ein Lehrer, der zu viel Druck ausübte … Solche Beziehungspersonen aus den frühen Jahren spielen eine besonders wichtige Rolle in unseren Träumen. Je nachdem, ob sie uns damals eher gefördert und ermutigt oder eingeschränkt und verschüchtert haben.

Aber nicht immer sind die Menschen im Traum uns bekannt. Trotzdem sind sie wichtige Botschafter. Entscheidend ist, was diese Personen ausstrahlen und was sie auszeichnet. Zuvorderst ist das Geschlecht wichtig. Männlich und weiblich stellen eine Dualität in Träumen dar. Dabei steht die Frau für das Erkennen von neuem Leben im Innern und der Mann für das notwendige Handeln daraus. Je nachdem, ob uns eine Frau oder ein Mann erscheint, weist der Traum also darauf hin, ob es darum geht, etwas bislang Verborgenes zu erkennen – oder etwas bereits Erkanntes zu realisieren. Erscheint die Rolle des Mannes oder der Frau im Traum jedoch unbefriedigend, dann ist der richtige Weg noch nicht genau genug erkannt.

Ein Kind hingegen deutet auf eine Entwicklung hin, die sich in uns vollzieht. Handelt es sich allerdings um eine Traumszene, die wir mit einer Erinnerung aus der Kindheit verbinden, weist dieses Kind uns auf ein bestimmtes Lebensalter hin, das sich der Träumende zurück ins Bewusstsein rufen soll. Erscheinen im Traum z. B. 14-jährige Jugendliche, könnte dies eine Aufforderung sein, dass wir uns auf eine Fähigkeit besinnen sollen, die wir in der Pubertät erlernt haben.

Es können auch unbekannte Personen in besonderen Rollen vorkommen, wie Räuber, Ritter, Sklaven. Sie bringen zum Ausdruck, wie wir gerade im Leben unterwegs sind. Ob wir räuberisch oder untadelig handeln – oder uns von anderen unterdrücken lassen.

Die Wünsche, Hoffnungen und Ängste, die uns in unseren Träumen besuchen, leihen sich aber nicht nur Gesichter von Personen, sondern auch die Eigenschaften von Tieren, Pflanzen und Naturerscheinungen.

Taucht etwa ein Hund im Traum auf, sagt uns das etwas darüber, wie es um die Freundschaft zu uns selbst bestellt ist, denn das Wesen eines Hundes zeichnet sich durch die Liebe und Treue zu seinem Herrn aus. Erscheint uns im Traum ein angreifender Haifisch, geht es um eigene aggressive Gefühle, die wir kontrollieren sollten.

Wer beginnt, seine Träume zu interpretieren, wird schnell merken, dass Traumbilder nicht einem schwer zugänglichen System folgen, das nur Spezialisten aufschlüsseln können. Was hätte es auch für einen Sinn, würde unser Inneres in einer Sprache zu uns sprechen, die wir selbst nicht verstehen können?

Traumbilder sprechen aus sich heraus. Alle Aspekte ihrer Bedeutung tragen sie in sich. Und falls sich eine Bedeutung nicht von selbst erschließt, hilft es manchmal, einfach im Lexikon nachzuschauen: Denn immer sind es bestimmte Eigenschaften oder Funktionen, die uns weiterhelfen, die Bedeutung eines Bildes zu verstehen. Je mehr man über die Dinge und Wesen, die in unseren Träumen vorkommen, weiß, desto besser wird man die Träume selbst verstehen. Der Inhalt von Traumbildern ist ja nicht immer gleich wahrnehmbar. Erscheint ein Mückenschwarm im Traum, dann ist das ein Zeichen, dass quälende Gedanken den Träumer piesacken. Aber was ist, wenn Spinnen den Traum bevölkern? Von vielen werden sie als gruselige Wesen wahrgenommen. Schaut man sich aber ihre Rolle in der Natur an, dann zeigt sich, dass sie keineswegs Furcht einflößen müssen. Spinnen haben eine befreiende Wirkung, schließlich fangen sie lästige Insekten ein. So könnte ein solches Tier im Traum auch darauf hinweisen, dass der Träumer seinen Kopf von Vorstellungen, die ihn hemmen oder quälen, befreien muss.

Nach all der Erfahrung, die ich mit Träumen habe, kann ich sagen, dass die Wesensmerkmale, die Tiere oder Pflanzen in der Natur zeigen, der Bedeutung gleichen, die sie in unseren Träumen haben. Ich behaupte sogar: Die Evolution der Natur wiederholt sich in der geistigen Evolution des Menschen. Und so auch in unseren Träumen.

Wie schon gesagt, jedes Traumbild hat eine sachliche und sehr häufig eine persönliche Bedeutung. Wenn durch unseren Traum Wasser fließt, so weist das ganz allgemein auf eine Gefühlsbewegung hin. Fliegt ein Vogel durch die Luft, hat das gemeingültig mit unserem Freiheitswunsch zu tun. Die persönliche Ebene eines Traums handelt von dem individuellen Bezug, den der Träumende zu diesen Bildern hat. Das heißt, wenn der Fluss schmutziges Wasser führt, soll der Träumer nach der Ursache für die Trübung seiner Gefühle suchen. Oder stürzt ein Vogel im Traum ab, geht es um die Frage, welche Freiheit ich gerade aufs Spiel setze.

Ein anderes Beispiel: Fahre ich mit einem Auto durch die Gegend, dann beschreibt das, wie ich mich gerade durch mein Leben steuere. Die Farbe des Autos, sein Zustand, meine Fahrweise, ob es ein Ziel gibt oder nicht – das alles gibt Aufschluss darüber, wie ich zur Zeit auf meinem Lebensweg unterwegs bin. Wenn ich das Auto aber aus früheren Zeiten wiedererkenne, dann führt mich der Traum woanders hin. Dann geht es um einen Aspekt, der mit der eigenen Biografie zu tun hat. Hier ist es notwendig, sich an die Zeit zu erinnern, als man dieses Auto besessen hat, und sich zu fragen, wie man sich damals durch das Leben steuerte.

In diesem Buch möchte ich zeigen, wie sich die sachliche Ebene mit den persönlichen Assoziationen des Träumers verbindet. In der Traumtherapie wird das durch das Zwiegespräch zwischen Träumer und Therapeut erreicht. Ich möchte an einem Beispiel zeigen, wie im Traum Menschen, Tiere, Elemente und Gegenstände zusammenspielen – und wie wir die beiden Ebenen zueinander in Beziehung bringen können.

Eine Studentin träumte wiederholt von einem Hai, der sie in Gefahr brachte:

Ein kleines Holzboot – Leute steigen ein und aus.
Auf dem Boot steht ein Mädchen in meinem Alter.
Da schwimmt ein Hai auf das Mädchen zu und beißt in das Boot.
Der Himmel über dem Mädchen verschwindet – stattdessen sieht sie über sich eine Holzdecke mit einem Haken.

An diesem Haken zieht sich das Mädchen in die Höhe.
Als der Hai weg ist, lässt sie sich wieder von der Decke
herab.

Das Meer weist darauf hin, dass es um unbewusste
Gefühle im Traum geht. Besonders markant ist in dieser Szene aber der Hai. Diese Fische verfügen über
einen differenzierten Geruchssinn, der ihr Verhalten
bestimmt. Sie haben meistens scharfe, spitze Zähne, die sich ständig erneuern. Weil es einige Haiarten
gibt, die sehr aggressiv werden können, fragte ich die
Träumerin: »Fühlen Sie sich manchmal Aggressionen
ausgeliefert?« Sie erzählte, dass sie manchmal aggressiv werde, wenn sie sich verletzt fühle und das Verhalten der anderen nicht verstehen könne. Ich wollte
wissen, ob die Aggression sie dann in Gefahr bringen
kann wie der Hai. Die Antwort war ein klares Ja. Es
seien dann erst mal nur Enttäuschung und Zorn in
ihr, erklärte sie.

Aber in dem Traum steckte noch mehr. Er zeigte
nämlich auch, dass die junge Frau sich selbst aus diesen Situationen befreien kann, wenn aggressive
Gefühle sie plötzlich bedrängen. Ich fragte sie danach.
Sie erzählte daraufhin, wie sie stets versuche, sich
schnell wieder zu besinnen und den anderen zu fragen, weshalb er sich so verhalten habe. Wir kamen auf

das Bild des Mädchens zu sprechen, das sich am Haken in der Holzdecke hochzieht.

Holz steht in unseren Träumen für die gewachsenen Erkenntnisse, die uns helfen, unser Leben zu gestalten. Das Holz eines Baumes wächst, weil seine Blätter das Sonnenlicht eingefangen haben. Genauso wachsen wir an den Erfahrungen, die wir machen, und daran, wie wir sie verarbeiten. Sie bilden im Wortsinn das »Holz, aus dem wir geschnitzt sind«.

Ich fragte die Träumerin, wie sie selbst Licht für sich einfangen könne, um nicht im Rachen ihrer Aggression zu verschwinden. Die Träumerin sagte, dass sie wisse, dass aggressive Gefühle sie nicht weiterbrächten. Sie müsse auch den anderen verstehen wollen. Diese Einsicht steckte auch in ihrem Traum. Deshalb zieht sich das Mädchen im Traum nach oben. »Nach oben« ist im Traum immer der Weg der Bewusstwerdung, von oben gewinnen wir die Übersicht über ein Geschehen.

Dieses Beispiel zeigt deutlich, wie nützlich es ist, intensiv über die Eindrücke der Nacht nachzudenken, sie förmlich Schritt für Schritt zu erforschen. Denn wo eben noch ein scheinbar absurdes Theater war, empfing die Träumerin eine ermutigende Bestätigung.

So führt uns ein Traum, der vor uns Bilder aus der Tiefe unseres Selbst liefert, zurück zu uns selbst. Und macht sich damit zu einem unschätzbar wertvollen Berater in einer Welt, in der fast alles – Beruf, Medienberieselung, Erwartungen der anderen – dazu geeignet ist, uns von uns selbst wegzutragen.

Ich werde häufig gefragt, ob es das eine große Thema gibt, das unsere Träume miteinander verbindet. Ich glaube schon: Jedes Kind wird mit dem Willen, leben zu wollen, und mit einer schier unbändigen Neugierde ausgestattet. Doch es lernt schnell Grenzen kennen. Erst durch den Umgang in der Familie, später durch Vorgaben, die ihm die Umwelt machen. Ist die Entwicklung erst ungestüm, wird sie bald von Ängsten begrenzt, die seine Neugierde einschränken. Abgelehnte Wünsche werden verdrängt, Offenheit weicht notwendigen Schutzhaltungen. All das gehört zu der Entwicklung eines jungen Menschen.

Doch was ist im späteren Leben, wenn es darum geht, die eigene Entwicklung und die Gesellschaft mitzugestalten? Dann werden plötzlich alle Schutzhaltungen, die wir verinnerlicht haben, zu Hemmschuhen. Das ist die Zeit, in der uns unsere Träume wieder an die gestalterischen Kräfte unserer Kindheit erinnern. Es ist also keineswegs ein Zufall, dass immer wieder Kindheitsmotive in Träumen vorkommen. Die Kindheit ist das Becken, aus dem unser Ich neue Kraft und Frische schöpft.

Träume fordern uns dazu auf, uns mit dem eigenen Leben und der eigenen Biografie zu beschäftigen. Manchmal direkt, indem wir an Phasen unserer Kindheit erinnert werden, in denen Ängste entstanden sind, die uns gezwungen haben, Lebenskraft ins Unbewusste abzudrängen. Oder sie erinnern uns an die vitale Kraft, die uns damals bewegte und die wir uns wieder aneignen sollten.

Wenn es ein übergreifendes Thema in den Träumen der Menschen gibt, dann dieses: das Bemühen um Selbsterlösung von Ängsten und zwanghaften Vorstellungen, die Leben in uns blockieren. Auf diesem Weg, den jeder Mensch gehen sollte, haben wir freundliche Begleiter: die Bilder, die uns im Schlaf erscheinen. Sie bilden ein fantastisches Theater – wir müssen nur lernen, diese »Theatervorstellungen« zu verstehen, zu lieben und zu genießen.

ANGST.
WOVOR WIR UNS IN TRÄUMEN
WIRKLICH FÜRCHTEN

Ein Satz, den man häufig hört, wenn Menschen nach dem Aufstehen von ihren Träumen erzählen, lautet: »Ich habe schlecht geträumt.« Dass Träume häufig unangenehm sind, ist keine Ungerechtigkeit, die dem Schlafenden widerfährt – und schon gar nichts Zerstörerisches. Es liegt in der Natur des Traumes, dass er nur erfindet, was uns aus unbefriedigendem oder gar schmerzlichem Verhalten befreien kann.

Es hat deswegen durchaus einen Sinn, dass wir uns mit erschreckenden Träumen intensiv beschäftigen. Wo kein Problem ist, muss nichts thematisiert werden. Träume aber sind dazu da, uns die Konstellationen und Herausforderungen zu zeigen, denen wir uns stellen müssen. Der Traum ist unser geistiges Immunsystem.

Warum aber erschrecken uns Träume überhaupt? Die Antwort ist simpel: weil wir sie häufig nicht verstehen. Unverständliches bereitet uns Unbehagen.

Als Menschen noch nicht wussten, wie es zu einem Gewitter kommt, fürchteten sie Blitz und Donner, weil sie beides für den Zorn der Götter hielten. Heute verstehen wir das Wetter – aber die Botschaften unserer Träume sind uns weiterhin rätselhaft. Deshalb fühlen wir uns zuweilen von ihren Bildern bedroht.

Je mehr man über seine Träume weiß, desto besser wird man sie verstehen, desto weniger werden sie einen verschrecken, auch wenn die Szenen noch so brutal wirken. Gerade Träume mit verstörenden Szenen sind oft besonders hilfreich. Wer sie lesen kann, für den werden sie zum Freund. Und von einem Freund erwartet man vor allem, dass er einem Wichtiges schonungslos mitteilt. Auch wenn es wehtut.

Ich möchte den Traum eines Patienten erzählen. Es ist einer der schrecklichsten Träume, die ich je gehört habe.

Da sind Menschen, die einen weißen Wal schlachten wollen. Ich möchte, dass der Wal lebt, und gab ihnen mein linkes Bein zu essen. Es tut sehr weh, aber sie lassen den Wal leben. Dann sperren sie mich in einen Käfig. Ein großer, breiter, haariger Mann stochert mit einer Stange nach mir. Neben dem Käfig liegen lauter Menschen, denen die Eingeweide heraushängen. Sie haben Sex miteinander. Es ist schrecklich anzusehen.

Was sollen wir mit so einem Traum anfangen, aus dem wir schweißgebadet aufwachen? Dessen Bilder uns den ganzen Tag verfolgen? Ganz einfach: die Bilder uns folgen lassen. Denn ein Traum, der uns schockiert, möchte uns aufrütteln.

Wale waren ursprünglich einmal Huftiere an Land, bevor sie ins Meer zurückgingen, aus dem heraus sich die Tierwelt entwickelt hat. Sie sagen dem Träumenden: Bring eine Lebenskraft, die du aus Angst in der Kindheit verdrängt hast, wieder ins Leben zurück – suche sie im Meer deiner noch unbewussten Gefühle.

Um in der Familie aufgenommen zu sein, hat der Träumer als Kind auf die Kraft verzichtet, seinen Gefühlen zu folgen, darauf deutet das Bein hin, das der Träumende hier opfert. Denn die linke Körperhälfte ist die sogenannte Gefühlsseite, während die rechte für die Logik steht.

Der Patient, von dem hier die Rede ist, wurde als Kind in seiner Familie überhaupt nicht beachtet. Er wurde nur benutzt. Der familiäre Umgang war sehr aggressiv und verletzend. Dies kommt in der unangenehmen sexuellen Szene zum Ausdruck.

Sexuelle Handlungen, wie sie hier dargestellt werden, haben nichts mit Sex an sich zu tun. Hier spiegelt der Geschlechtsverkehr die Beziehung wider, die die Menschen zu sich selbst und die sie zueinander haben.

Sexualität reflektiert im Traum Folgendes: Mann und Frau stellen im Traum eine wichtige Dualität dar. Nur die Frau kann in ihrem Innern neues Leben empfangen, deshalb steht sie im Traumgleichnis für eine neue Erkenntnis, die wir im Inneren gewinnen. Damit die Erkenntnis Gestalt annehmen kann, muss der Mann in sie eindringen und sie befruchten. Das entspricht im Gleichnisdenken der Tat. Frau und Mann, Erkennen und Tun, bilden so ein wichtiges Paar. Denn wenn wir eine neue Erkenntnis gewinnen, hilft sie uns nicht weiter, wenn wir nicht auch nach ihr handeln.

Kommen wir zurück zu dem Traum, sehen wir, dass der Träumer in seiner Kindheit von verwahrlosten und zerstörerischen Verhaltensweisen umgeben war.

Es wird aber auch deutlich, dass sich der Träumer in seine Opferrolle zurückgezogen hat. Er sitzt im Käfig und ist den Aggressionen von außen völlig ausgeliefert.

Der Patient wurde durch den Traum aufgefordert, seinen Gefühlen zu vertrauen, die Suche nach der Liebe zu sich selbst wieder aufzunehmen und die emotionale Wahrhaftigkeit wieder zurückzugewinnen, die er als Kind preisgeben musste. Ein schrecklicher Traum, aber eine liebevolle Botschaft.

Albträume sind Teil der Auseinandersetzung mit uns selbst. Sie sind intensive Hinweise, die uns sagen: Die Notwendigkeit einer Lösung ist groß. Angstträume sind also nicht Folge der Angst – sie sind Teil ihrer Überwindung.

Warum beschäftigt uns die Angst so sehr? Angst ist ein elementares Thema in der Welt. Solange wir Kinder sind, entwickeln wir Schutzhaltungen, um uns vor Verletzungen zu schützen. Aber später hemmen sie unsere Entwicklung. Deshalb müssen wir Verhaltensweisen, die wir aus unserer Kindheit oft bis ins Erwachsenendasein und bis in unsere Partnerschaften hineintragen, überwinden und Schritt für Schritt in größere Freiheit umsetzen. Das ist das Leben: Man trifft auf Widerstände und muss sich an ihnen weiterentwickeln.

Ich wurde mit meinen Ängsten, die ich unter Schutzhaltungen verborgen hielt, in ganz besonderer Weise konfrontiert. Ich möchte Ihnen an dieser Stelle noch etwas von meiner Psychose erzählen. Ich durchlebte sie zwei Jahre lang.

Ohne jede Vorwarnung überfiel mich eine Tages eine panikartige Katastrophenstimmung. Eine ganze Nacht lang hatte ich Herzrasen. Ich bekam unerklärliche Herzanfälle und blieb einige Tage im Bett. Während hatte ich viele Wachträume, die mich mit qualvollen Ängsten und dann wieder mit noch nie erlebten glücklichen Gefühlen konfrontierten.

Meinem Arzt blieb mein Zustand rätselhaft. Er schickte mich zur Erholung in ein Herzsanatorium. Ich fühlte mich dort sehr einsam. Ich ging in die Krankenhauskapelle und schaute lange das Kreuz an. Ich betete und wünschte mir ein Zeichen von Jesus. Ich verzehrte mich nach diesem Wunsch, plötzlich schien es mir, als würde sich der Kopf von Christus bewegen und Grimassen schneiden. Während ich in diese Grimassen starrte, überkam mich abermals die Katastrophenstimmung.

Ich fühlte eine unglaubliche Schuldangst in mir, die ich abzutragen versuchte. In meinem Sanatoriumszimmer durchlebte ich Nächte, in denen ich das Gefühl hatte, mit Gewalt zu Boden geworfen zu werden. Am Morgen wurde ich hingegen von warmen Glücksgefühlen durchflutet.

Die Angst vor meinen persönlichen Bedürfnissen wurde immer stärker. Eines Tages verbot ich mir, auf die Toilette zu gehen. Der Harndrang verursachte in mir unglaubliche Schmerzen, aber etwas in mir verbot mir, dem nachzugeben. Ich wurde in eine psychiatrische Klinik eingeliefert. Und dort begann die unerbittliche Schule psychiatrischer Erfahrungen.

Ich lag im Krankenhausbett und gehorchte einer Stimme, die mir befahl, nicht zu essen, nicht zu trinken und nicht auf die Toilette zu gehen. Ich war tagelang schrecklichen Qualen ausgesetzt. Auf meinen Lippen bildeten sich Durstbläschen. Wenn die Ärzte versuchten, mir zu helfen, setzte ich mich heftig zur Wehr.

Dass gerade das Trinken von Wasser und das Wasserlassen bei mir blockiert waren, war kein Zufall. Wasser ist im Traum das Gleichnis für den sich ständig klärenden Kreislauf unserer Gefühle. Das Wasser versickert im Boden, sammelt sich in Flüssen, fließt ins Meer und steigt von dort in den Himmel auf, von dem es wieder herunterregnet. Wasser reinigt und klärt im übertragenen Sinn unseren Geist. Bei mir aber waren alle Gefühle blockiert, nichts floss. Und dieser innere Zustand übertrug sich auf meinen Körper.

Ich war gewohnt gewesen, die Eier auszubrüten, die mir andere wie Kuckucke ins Nest gelegt hatten. Ich hatte bislang die Frage, was ich für mich selbst wollte, nicht tief genug zugelassen. Nun brach sich in mir das Bedürfnis nach Selbstbefreiung Bahn. Dazu brauchte ich diese psychotischen Erfahrungen.

Irgendwann war der Harndrang schließlich so groß, dass ich ihn mir nicht mehr verkneifen konnte. Und alles ergoss sich in mein Bett. Ich hatte dazu einen Traum.

Ein großer dicker Mann mit Wasserkopf fällt von hoch oben wie vom Himmel mit dem Kopf zuerst auf den Boden und der zerplatzt.

Der große dicke Mann war ich – sein Wasserkopf die Illusion, mit Verzicht, durch Stauung aller Gefühle und Wünsche durch das Leben zu kommen. Diese Vorstellung war zerplatzt.

Damit war meine Psychose aber noch lange nicht zu Ende. Ich fühlte mich gedemütigt. Eines Nachts kniete ich vor meinem Bett. Da vernahm ich eine Stimme in mir, die mir verbot, zu schlafen. Also kauerte ich vor meinem Bett, stumm, willenlos, und kämpfte gegen den Schlaf. Viele Nächte lang. Nur am Tag konnte ich ein bis zwei Stunden ruhen.

Wir sehen gemeinhin in psychotischen Zuständen eine geistige Krankheit. Ich aber habe meine Psychose als schmerzhaften seelischen Selbstheilungsprozess empfunden. Zuerst zeigte sie mir in schönen Wachträumen, wie frei Gefühle sein können. Dann spiegelte sie meine lebensfeindliche Einstellung zu mir selber auf heftigste Weise. Es sollte aber noch eine dritte Phase folgen. Die meiner langsamen Heilung.

Als ich aus der Klinik wieder nach Hause kam, gestand ich meinem Mann, dass ich einen anderen Mann liebte. Er reagierte zornig und verletzt, drohte mir. Ich aber wollte mich nicht mehr verstecken und sprach immer wieder von diesem Menschen. Ein halbes Jahr hielt der Hass meines Mannes an, dann begann er zu versuchen, mich zu verstehen. Erstmals interessierte er sich ernsthaft dafür, was in mir vorging. Ich aber probierte meine neue Selbstständigkeit aus. Ich wagte inmitten einer Runde von Bekannten zu sagen: »Ihr langweilt mich.« Zwar erntete ich erschrockene Reaktionen, aber trotzdem wurde ich respektiert. Ich verlor keine Freunde in dieser Zeit und gewann meinen Mann als Freund hinzu.

Aber mein Weg war noch nicht zu Ende. Eines Tages konnte ich nicht aus dem Bett aufstehen. Mein Mann sorgte sich sehr um mich und ließ mich abermals in eine psychiatrische Klinik einliefern. Dort fesselte man mich aufgrund einer von mir vorgebrachten, durchaus sachlichen Kritik sage und schreibe sechs Tage lang ans Bett und gab mir eine Spritze nach der anderen. Diese Spritzen versenkten mich in dumpfe Schlafzustände – ein qualvolles, brutales Erleben von Unfreiheit.

Als ich dem Ganzen entronnen war, fühlte ich den unbedingten Drang, nach Rom zu fahren. Mein Mann wollte das nicht, er flehte und drohte – schließlich gab er nach.

Ich hielt mich ein halbes Jahr in Rom auf. Das letzte Vierteljahr ging ich täglich zu den Vatikanischen Museen. Die Wendeltreppe dort faszinierte mich. An ihren Wandungen zeigt sie schöne Pflanzenornamente. Die Wärter hatten sich bald an mich gewöhnt: an den Anblick dieser seltsamen Frau, die stundenlang die Details der Ranken dort studierte. Sie wussten nicht, was ich dort suchte, ich wusste es ja auch nicht.

Drei Monate lang betrachtete ich die Varianten der Ornamente. Langsam reifte in mir der Gedanke, dass in den unterschiedlichen Standorten der Samenstände an den Pflanzen zwischen Wurzeln und Früchten ein Hinweis auf die Reifung des Menschen stecken könnte. Ich wusste damals noch nicht, dass Pflanzen in Traumbildern tatsächlich den Erkenntnisweg des Menschen widerspiegeln: So wie die Pflanzen das Licht suchen und es in Lebensenergie umformen, sucht auch der Mensch in seinem Leben nach dem Licht der Erkenntnis, das ihm die Energie gibt, sein Lebens zu gestalten. Deshalb spricht man vom Baum der Erkenntnis.

Doch nach drei Monaten der Suche wurde mir von einer Minute zur anderen schlagartig bewusst, dass ich einer Vorstellung aufgesessen war, die sich als nicht haltbar erwies. Der von mir vermutete Zusammenhang war eine Täuschung – die Ornamente waren nur dekorativ aneinandergereiht.

Sofort entschied ich mich, alles aufzugeben und meine Scham, mich so lange einer Täuschung hingegeben zu haben, zu überwinden. Ich fuhr nach Hause, und augenblicklich war ich geheilt.

Wenige Wochen später starb mein Mann an einem Herzinfarkt. Ich hatte mich also gerade noch rechtzeitig aus meiner Gefangenschaft in mir selbst befreit, um mich den enormen Herausforderungen zu stellen, die mit der Verwaltung des Erbes und der immensen Schulden auf mich zukamen.

Die Erfahrungen und Angstvorstellungen, die ich in meiner Psychose erleiden musste, zählen zum Schrecklichsten, was ich im Leben durchgemacht habe. Sie haben mir aber auch alles beigebracht, was ich lernen musste, um mich der Traumarbeit widmen zu können. Erst so konnte ich begreifen, wie wichtig es ist, die Bildinhalte auf sich wirken zu lassen, sie zu verstehen und sich seiner Lebensangst zu stellen.

Diese Auseinandersetzung ist eine ständige Aufgabe. Als ich mit meiner Traumforschung erstmals in die Öffentlichkeit ging, war ich natürlich auch nicht frei von Angst. Würde ich in Fachkreisen angegriffen werden? Ich hatte ja den Theorien von Freud und Jung etwas hinzugefügt, denn ich frage bei jedem Traumbild sowohl nach der sachlichen Bedeutung eines Bildes als auch nach dem persönlichen Erleben des Träumers und verknüpfe beides miteinander. Dazu zwei Beispiele:

Menschen sehnen sich danach, sich »so frei wie ein Vogel« bewegen zu können. Wenn im Traum zum Beispiel ein Huhn vorkommt, geht es um die Ohnmacht, sich noch nicht befreien zu können, denn ein Huhn flattert nur und kann sich nicht wie ein Vogel in die Luft schwingen. Und wenn der Träumende sein Huhn auch noch mit Edelsteinen schmückt, verherrlicht er eine zu geringe Freiheit und traut sich nicht wirklich, frei werden zu wollen.

Oder: Wenn ich im Traum verwelkte Blumen sehe, frage ich mich, was Blüten in der Natur für eine Rolle spielen. Sie blühen auf, um befruchtet zu werden. Ein neuer Reifungsprozess in der Pflanze zu neuen Früchten und Samen beginnt. Die gleiche Bedeutung haben Wünsche für uns. Wenn sich nun im Traum ein Igel in verwelkten Blumen sein Nest baut, dann hat der Träumende durch seine Igelhaltung seine in ihm aufblühenden Wünsche verblühen lassen, ohne sie zu befruchten. Der Igel verdeutlicht: Sich angstvoll und aggressiv zugleich einzuigeln, ist nicht der Weg, der zur Erfüllung unserer Wünsche führt. Die Spannung zwischen dem sachlichen Inhalt eines Bildes und dem, was der Träumende daraus gemacht hat, ist dann der Schlüssel zum Traumverständnis.

Und so entstand in mir die Frage: Darf ein »Nicht-Professor« hoffen, den gängigen Theorien etwas hinzuzufügen, ohne ignoriert oder angegriffen zu werden? Diese Angst, nicht gehört zu werden, schlich sich schon in meiner Säuglingszeit in mein Leben – in einer Zeit, in der ich nächtelang allein war und mich niemand hörte. Noch im Jahr 2001 träumte ich dazu folgenden Traum:

Meine Tochter liegt als Baby an einem steilen Abhang. Es führt nur ein schmaler Weg zu ihr. Ich kämpfe mich zu ihr vor.
Da nehme ich die Grafik eines Antilopenkopfes als Bild in mir wahr. Gleichzeitig ist mir so, als ob sich um mich herum Schatten von Igeln bewegen. Und dann höre ich den Gedanken: »Das muss sich oben im Gehirn abspielen.«

Abhänge sind im Traum immer Abhänge der Angst – noch dazu, wenn sie so steil sind. Meine Tochter ist ein sehr freiheitsliebender Mensch. Zu dieser Kraft will ich mich vorkämpfen. Sie darf in mir nicht abstürzen. Bei dem Kampf geht es um meine Liebe zu den Bildern der Welt – sowohl zu den Bildern der alten Ägypter als auch in den Träumen –, die ich in die wissenschaftliche Diskussion einbringen möchte. Der Antilopenkopf warnt mich, nicht davor zu fliehen, denn die Antilope ist in der ägyptischen Mythologie das Fluchttier, das dem Gott des Chaos zugeordnet wird. Die Botschaft des Traums lautete: Ich kann die Öffentlichkeit nicht erreichen, wenn ich mich einigele. Die klare Lösung bringt mir daher der Satz: »Das muss sich oben im Gehirn abspielen.« Das heißt, da sind noch Reste alter Ängste aus der Kindheit, die an der Vorstellung festhalten: »Ich werde doch nicht gehört.«

Genauso wie ein Traum, der uns mit erschreckenden Sequenzen konfrontiert, keineswegs eine negative Botschaft haben muss, können Träume, die unsere tiefsten Lebensängste verarbeiten, dies mit sehr subtilen Bildern tun.

Wenn Patienten mir von ihren Träumen erzählen, interessiere ich mich nicht nur für einzelne, ins Auge fallende Bilder, sondern für alle Details. Welche Tiere tauchen auf, welche Rolle spielen Elemente, Farben, Zahlen, Gebäude, Gegenstände?

Wenn beispielsweise ein Frosch im Traum vorkommt, ist das gemeinhin ein deutlicher Hinweis, dass der Träumer mit Ängsten ringt, die ihn in seiner Entfaltung behindern. Denn Frösche symbolisieren die Kindheit in einer Phase, in der das Kind noch völlig ungeschützt ist. Wie ein nackter Frosch, der an Land kommt und vielen Gefahren ausgesetzt ist. Frösche sind Wipfelstürmer und Schlammflüchter zugleich. So wie ein Kind, das der Umwelt einerseits freudig und unvoreingenommen zugewandt ist, aber andererseits schnell in Angst gerät und sich dann zurückzieht.

Manchmal sprechen wir unbewusst darauf an, wenn wir davon reden, dass wir »einen Frosch im Hals« haben. In manchen Situationen fühlen wir uns urplötzlich so verunsichert, dass wir kein Wort herausbringen. Auch in Träumen haben wir gewissermaßen Frösche im Hals. Eine Patientin berichtete mir von folgendem Traumbild:

Ich greife einen Frosch und drücke ihn so lange, bis er tot ist.

Das mag ein brutaler Traum sein, aber die Botschaft ist positiv. Sie sagt: Du musst die Ambivalenz, die Kindheitsangst, die sich im Frosch ausdrückt, loswerden.

Ähnlich ging es in einem anderen Traum zu, den mir eine Frau erzählte und den ich hier nur in einem Ausschnitt wiedergebe:

Ich sehe einen grauen Frosch, der wie eine Schildkröte gepanzert ist. Der Panzer ist so flach wie zwei Buchdeckel. Er ist wunderschön türkisfarben, ich möchte ihn unbedingt haben. Ich nehme eine Glasscheibe und quetsche damit den Frosch in ein Korbgeflecht, in das ich ihn mit der Glasscheibe so lange hineindrücke, bis er tot ist.
Danach laufen viele kleine Wiesel durch das Bild.

Der graue Frosch, der uns hier begegnet, steht für sehr alte Angstgeflechte, unter denen die Träumerin leidet. Die Mutter hatte von ihr stets verlangt, dass sie negative Gefühlsäußerungen seitens anderer erdulden muss, ohne mit der Wimper zu zucken. Der türkisfarbene Panzer zeigt, dass sie ihre Verpanzerung schon erkannt hat, denn in der Farbe Türkis verbindet sich das Himmelsblau mit Grün, der Farbe der Photosynthese, die das Sonnenlicht aufnimmt. Sie ist nun dabei, ihre alte Angst endgültig zu besiegen und den Frosch zu vernichten. So gewinnt sie eine neue Lebendigkeit. Dafür stehen die flinken Wiesel, die am Ende des Traumes erscheinen.

Wenn man von der symbolischen Rolle des Frosches im menschlichen Unterbewusstsein weiß, erklärt sich auch so manches surreal anmutende Märchen, wie das vom Froschkönig.

Die goldene Kugel, die der Prinzessin in den Brunnen fällt, steht für die schöpferische Kraft der Kindheit, die der Prinzessin verloren gegangen ist. Der Frosch birgt sie gegen das Versprechen, ihr Gemahl zu werden. Erst indem die Prinzessin den Frosch an die Wand klatscht, überwindet sie die Ambivalenz. Sie wirft gewissermaßen die Kindheitsängste an die Wand. Der Prinz kommt zum Vorschein, die eigene männliche Tatkraft, die in der Prinzessin steckt. Wenn man die Hintergründigkeit der Bilder erkennt, liest man Märchen ganz anders.

Tatsächlich ist Disharmonie mit uns selbst der häufigste Grund für beängstigende Traumsituationen. Die Widersprüche, die unser geistiges Leben birgt, treten in unserer nächtlichen Innenbeschau ungefiltert hervor.

Davon erzählt auch die Birnenernte im Traum einer Frau, die immer wieder unzufrieden wurde, weil ihrem Leben noch der nötige Saft fehlte:

Hinter einem Eisengitter stand ein Birnbaum.
Eine Hand – eine Männerhand – streckte sich zu mir hin
und gab mir eine wunderbare, saftige Birne zu verspeisen.

Danach pflückte ich mir selbst eine Birne. Doch die war zu hart, als ich sie essen wollte. Ich streckte die Hand nach einer anderen aus, doch die war schon faul.

Dann sah ich noch eine Birne, die mich lockte. Als ich sie in Händen hielt, verwandelte sie sich in einen weißen Pferdekopf, der in Schaum zerfiel, während er seine Adern zeigte. Es war ein schrecklicher Anblick.

Wir sehen, die Früchte, nach denen sie sich sehnt, sind noch hinter einem Eisengitter verschanzt. Nur eine neue Handlungskraft – die Männerhand – kann ihr die Früchte reichen, die sie sich wünscht. Woran liegt es nun, dass sich ihre Sehnsucht nicht erfüllt? Sie handelt entweder zu ungeduldig und pflückt daher eine harte Birne, die nicht ausgereift war, keinen Saft und kein Aroma entfalten durfte. Oder sie bleibt zu skeptisch gegenüber ihren Fähigkeiten und erntet ihre Früchte gar nicht – lässt sie verfaulen. Das geschieht, wenn sie Angst bekommt, sich zu wichtig zu nehmen. Die dritte Birne aber, die sich in einen weißen Pferdekopf verwandelt, der in Schaum zerfällt, spiegelt ihr, dass sie durch diesen Zwiespalt in ihren Emotionen die schöne Vitalität ihrer Gefühle nicht »reiten« und nicht genießen kann.

Künstler ringen häufig um ihr Selbstwertgefühl. Eine Porzellanmalerin fühlte, dass sie der Beruf künstlerisch nicht genug forderte. Sie wusste aber noch nicht, was geeigneter für sie sei. Da träumte sie:

Ich betrete einen Raum, da sitzt ein alter Mann, ein Handwerker mit blauer Arbeitsschürze, an einem großen Tisch. Ich komme näher, da sehe ich zwischen seiner Schürze und dem Hemd den Kopf einer sehr großen Schlange. Der Schlangenkörper ist unter dem Tisch zu sehen. Ich bin sehr erschrocken und will wissen, warum hier eine Schlange ist. Der Mann sagt: Keine Angst, sie lebt schon sehr lange bei mir. Nun fällt mein Blick auf den Tisch. Dort liegen Steinplatten ausgebreitet, die mit Hieroglyphen beschrieben sind. Ich sehe eine weiße Eule, sie interessiert mich besonders.
Ich bemerke, dass Wasser in den Fluren des Hauses steht, und fange an zu laufen. Ich laufe hinaus. Und als ich vor dem Haus stehe, laufe ich auf allerfeinstem Sand in knöcheltiefem glasklaren Wasser und habe meine sechsjährige Tochter an der Hand. Da tut sich vor mir die Erde auf und eine wunderbare weiße Schlange mit Antilopenaugen tritt hervor.

Wie viele Elemente birgt dieser Traum! Wenn wir uns aber daran erinnern, dass in Träumen auftretende Männer für die Tatkraft des Träumers stehen, kommen wir der Bedeutung dieser Szenen auf die Spur.

Wir haben zunächst den alten Handwerker. Er steht für das kunsthandwerkliche Talent der Träumerin, das sie mit ins Leben gebracht hat. Doch die Schlange, ihr Lebenstrieb nach neuer Selbstgestaltung, blieb passiv, es tat sich nichts. Der Trieb blieb unterdrückt, gewissermaßen unter dem Tisch. Die weiße Eule aber, für die sich die Träumerin so interessiert, weist darauf hin, dass sie bedrängt wird, in der Nacht ihres Unbewussten auf Beutejagd zu gehen. Dazu ist die Eule mit vorzüglichen Sinnen ausgestattet.

Dann kommt das Wasser ins Spiel. Gefühle überschwemmen sie, Gefühle, die das Land ihrer Kreativität fruchtbar machen wollen. Sie soll jetzt spüren: Ich will mich neuen Gefühlen öffnen, die mir bewusst werden lassen, was ich eigentlich wirklich will.

Und da, als sie ins Freie tritt, kommt ihr Lebenstrieb in Bewegung, aus der Erde – dem Gleichnis unserer schöpferischen Kraft – bricht eine weiße Schlange empor und hat Antilopenaugen. Ich sagte schon, dass im alten Ägypten die Antilope die Fluchthaltung aus den Ängsten unserer Kindheit symbolisiert und deshalb in der ägyptischen Mythologie der Gott des Chaos auch als Antilope dargestellt wird. Die Hieroglyphen im Traum legen nahe, dass das Bilderdenken der alten Ägypter zum Verständnis dieses Traums herangezogen werden muss. Wenn ich eine weiße Schlange mit Antilopenaugen sehe, dann habe ich meine Angsthaltung erkannt, dann bin ich mit meinem Lebenstrieb in Kontakt gekommen. Weiß ist eine Farbe, die in Träumen auf eine schon gewonnene Erkenntnis hinweist, denn im Weiß sind schließlich alle Farben des Lebens gebündelt. Die Träumerin hat das ganze Spektrum, Rot, Blau, Grün, Gelb, schon in sich und somit auch die Klarheit, dass sie etwas tun möchte.

Dann ist da noch die Tochter: Die Tochter ist im Alter von sechs Jahren auffallend begierig gewesen, selbstständig zu werden. Für die Träumerin unterstreicht das die Notwendigkeit, aktiv zu werden. Mit dem Auftauchen der Tochter ist folglich die Aufforderung verbunden, zu handeln. Inzwischen hat sich die Träumerin tatsächlich längst zu einer sehr begabten Keramikerin entwickelt.

Warum ist es so wichtig, dass wir uns ernsthaft mit solchen Bildern auseinandersetzen? Wenn wir den Bildern und Hinweisen, die uns unsere Träume geben, nicht folgen, nehmen wir uns nicht nur Chancen zur Selbstverwirklichung, die uns das Leben bietet. Die Ängste, mit denen unsere Existenz belegt ist, können uns auch erdrücken und uns Verhaltensweisen auferlegen, die uns langsam der ursprünglichen Vitalität berauben.

Die Angst, verletzt zu werden, ist das häufigste Motiv, warum wir uns zurückziehen und es verpassen, unser Leben aktiv und leichtfüßig zu gestalten. Anstatt unser Potenzial auszuschöpfen und unsere Wünsche offensiv zur Erfüllung zu bringen, halten wir uns zurück.

In meiner Therapiearbeit hatte ich eine sehr intensive Erfahrung mit einer Frau, die ihre Sicherheit darin suchte, wenig Gefühle zu zeigen. Sie erzählte mir von ihrer Angst, sich auf die Liebe zu einem Mann einzulassen. Sie fürchtete ihre Selbstständigkeit aufzugeben, wenn sie sich mit diesem Mann verbinden würde. Die Patientin erzählte mir folgenden Traum:

Ich bin auf einem Hausboot, das im trüben Wasser dümpelt. Ich bin von einem undurchsichtigen Dschungel umgeben. Plötzlich sind unendlich viele Krokodile um mich herum. Sie schnappen nach dem Boot. Ich merke, wie es langsam sinkt und Wasser unter der Türe in den kleinen Raum eindringt, in dem ich mich befinde. Das Wasser steigt und steigt, ich höre die Krokodile von außen gegen die Tür schlagen. Schreiend wache ich auf.

Das trübe Wasser gleicht in diesem Traum all den nicht geklärten Gefühlen. Die angreifenden Krokodile sind die Aggression, die diese Frau gegen sich selbst gerichtet hat, indem sie sich nicht traute, die

Liebe zu dem Mann, der sie begehrt hat, zuzulassen. Eingeschlossen von Aggression gegen sich selbst, drohte sie in einem undurchsichtigen Dschungel von Gedanken und Gefühlen zu versinken. Diese Gefühle drückten sich auch in einem weiteren Traum aus:

Ich stehe an einem vergitterten Fenster und merke, dass ich eingesperrt bin und nicht mehr nach draußen kann. Vor dem Fenster wachsen Kletterrosen. Ich versuche einige zu erreichen, aber ich schaffe es wegen des Gitters nicht.

Rosenblüten werben mit ihren Farben und ihrem Duft in besonderer Weise darum, von uns wahrgenommen zu werden. Rosen kommen in Träumen immer dort vor, wo es um Liebe geht. Hier stellt der Traum dar, wie die negativen Gefühle, die die Träumerin gegen sich selbst richtet, sie daran hindern, sich ihren Wunsch nach Liebe zu erfüllen. Ein Traum, der das noch deutlicher machte, sagte es folgendermaßen:

Vor mir liegen leuchtend rote Rosen. Jemand sagt mir, dass diese Rosen von innen heraus töten, da man die Dornen mitessen muss, die einem dann die Eingeweide zerfetzen.

Das sind harte Träume. Krasser und prägnanter lässt sich die Angst eines Menschen vor der Liebe – und die mit der Liebe verbundenen Schmerzen – wohl nicht darstellen. Die Träume waren ein dringender Appell an die Patientin, an der eigenen Gefühlslage zu arbeiten. Als Kind hatte sie geradezu überschwänglich ihre Gefühle zeigen können. Doch eine zu strenge Mutter verurteilte diesen Überschwang, und das Kind verlor das Vertrauen, sich so zu äußern, wie ihm ums Herz war. Das verunsicherte sie auch noch als Erwachsene in der Beziehung zu anderen Menschen und ließ sie viele Verletzungen erleiden.

Mit der Patientin arbeitete ich lange zusammen, damit sie lernte, ihre Emotionen zuzulassen und sich wieder Schritt für Schritt der Liebe zu sich selbst und zum anderen zu öffnen. Die Fortschritte, die sie dabei machte, bestätigten der folgende Traum:

Die Mauern eines alten Hauses, das ich kenne, sind zerstört worden. Ich stehe vor der Ruine und frage mich, wie alt das Haus wohl war. Aus einem Feld wachsen kleine Kakteen. Als ich näher komme, sehe ich, dass daraus plötzlich kleine Katzen geworden sind, die mich zufrieden anschnurren. Ein Regenbogen spannt sich weit über eine heitere Landschaft.

Wir haben schon gelernt: Dort, wo in Träumen Häuser auftauchen, geht es um die Wohnung, die unsere

Seele bewohnt. Hier handelt es sich um ein altes Haus, das die Frau seit ihrer Kindheit bewohnte und nunmehr verfallen ließ. Die destruktive Art und Weise der Träumerin, ihr Leben anzugehen, hat sie aufgegeben und überwunden. Die Kakteen versinnbildlichen hier die bislang eingekapselten, verborgenen, eingetrockneten Gefühle. Diese konnten sich in etwas Neues, etwas Lebendiges, in das souveräne Gefühlsverhalten von jungen Katzen verwandeln. Der Regenbogen, in dem sich alle Farben des Lebens spiegeln, ist die Belohnung. Ein Regenbogen entsteht, wenn ein Unwetter abzieht und die Sonne hervorbricht. In diesem Augenblick leuchten alle Farben unserer Seele: Unser Fühlen spiegelt sich in der Farbe Rot, unser Denken in der Farbe Blau. Die Suche nach neuer Harmonie, zu der wir aufbrechen, nachdem wir uns aus zwiespältigen Gefühlen gelöst haben, symbolisiert die Farbe Gelb. Die Auflösung der zwiespältigen Gefühle versinnbildlicht das Grün. Die Farbe Orange verspricht neue Gefühle, um die ersehnte Harmonie zu finden, diese erreichen wir im Violett, der Verbindung von Rot und Blau.

Was die Angst mit unserem Leben anrichten kann! Wie viele Gelegenheiten, unser Leben in die Hand zu nehmen, lassen wir fahren, weil wir uns in eine kindliche Schutzhaltung flüchten. Und was muten wir uns selbst zu, weil uns der Mut fehlt, einen neuen Weg zu gehen!

Ich begegnete einmal einer Frau, die in einem Kulturzentrum ungeheure Arbeit leistete. Dieser Einsatz wurde vom Leiter des Zentrums weitgehend ignoriert. Anstatt dagegen zu protestieren, dass sie ohnehin schon von der Arbeitsfülle überfordert war, leistete sie immer mehr. Wir kamen erst darauf zu sprechen, nachdem sie mir folgenden Traum erzählt hatte:

Ich gehe über einen Marktplatz voller Leben. Die Sonne scheint. Gaukler sind unterwegs, es ist eine heitere Atmosphäre. Plötzlich Tumult, da sehe ich, wie ein Pferd lebendig mit einem großen Widerhaken in die Höhe gezogen wird.

Was für ein grausiges Bild: ein Pferd am Widerhaken hochgezogen! So brutal ist sie mit ihrer eigenen vitalen Gefühlskraft umgegangen – es hätte sie fast zerrissen. Stärker kann eine Warnung im Traum nicht sein, denn welchen Raubbau hatte sie an sich betrieben!

Der Traum mahnt: Eigentlich könnte dein Leben ein Marktplatz voller Heiterkeit sein. Schau, was du daraus gemacht hast.

Wie wichtig wird es für sie sein, der inneren Stimme des Traumes zu folgen. Manchmal ist der Traum der einzige Ratgeber, den man hat. So wie in folgendem Beispiel.

Einer Künstlerin war eine Arbeit misslungen, wofür sie sich sehr schämte. Seit ihrer Kindheit war sie immer bemüht, die ihr aufgetragenen Aufgaben perfekt zu erfüllen. In der folgenden Nacht träumte sie:

Ich interviewe wie Quizmaster Günther Jauch eine Zehnjährige mit sehr schwierigen Fragen. Und bin verblüfft, dass dieses Mädchen jede Antwort weiß. Leider legt sie am Ende des Interviews ihren Kopf auf den Tisch, an dem wir sitzen, und ist tot.

Was will dieser Traum sagen? Der Traum führte ihren Perfektionsanspruch drastisch ad absurdum, denn Kreativität, die eine Voraussetzung für künstlerische Arbeit ist, verlangt immer nach neuen Erfahrungen, naturgemäß auch nach negativen. Sich immer perfekt fühlen zu müssen, ist darum der Tod jeder Kreativität.

Es geschieht auch bisweilen, dass jemand im Traum mit Erlebnissen konfrontiert wird, die vor seiner Geburt stattfanden. Ein Mann erzählte, dass seine Mutter versucht hatte, ihn mit einer Stricknadel abzutreiben. Als Kind war er nie von ihr akzeptiert worden. Die Szene eines Traumes nimmt das Erlebte auf:

Eine Schlange kriecht herbei und beißt zwischen Plazenta und Gebärmutter. Der drei bis vier Monate alte Embryo versteinerte.

Die Schlange ist das Gleichnis unseres Lebenstriebes, der destruktiv oder konstruktiv sein kann. Hier geht es um den destruktiven Trieb der Mutter, das Kind loswerden zu wollen. Versteinert wurde die Fähigkeit des Träumers, zu vertrauen. Daraus entstand das Gefühl der Ungeborgenheit, das ihn jahrzehntelang verfolgte und ihn misstrauisch gegenüber allen Menschen machte. Sein Urvertrauen wurde verletzt. Schon als Fötus konnte er sich seines Lebens nicht sicher sein. Dieser Traum war der Beginn einer sehr langen Zusammenarbeit zwischen mir und diesem Patienten – die letztlich dazu führte, dass er neues Vertrauen in sein Leben fassen konnte.

Probleme, denen wir im Traum begegnen, ängstigen uns nicht nur im Schlaf. Die Ängste betreffen unser ganzes Leben. Sie führen zu Verhaltensweisen, die uns im Umgang mit anderen und uns selbst Probleme bereiten. Infolge dieser Ängste verfestigen sich Vorstellungen und Dogmen, mit denen wir unseren Lebensweg pflastern. Sie bewirken, dass wir nicht dorthin finden, wo wir gerne hinwollen. Wir machen uns diese Angst nicht bewusst – nur deshalb wird sie Thema unserer Träume. Je mehr wir uns diese Ängste bewusst machen und uns mit ihnen auseinandersetzen, desto leichtfüßiger und unbeschwerter wird unser Leben. Es gelingt uns immer besser, unsere persönlichen Ziele zu definieren und im Auge zu behalten. Dazu kommt: Wer weiß, was er will, kann das auch anderen mitteilen. Wer seine Lebensangst ablegt, wird seiner Umwelt gegenüber direkter, offener und unerschrockener auftreten können.

Ich habe einmal davon geträumt. In einer Nacht hörte ich plötzlich überall rund um das Haus Geräusche. Ich bekam Angst. Trotzdem schlief ich ein. Im Traum hörte ich einen Satz:

Eine Stimme sagt: »Wenn so etwas ist, musst du keine Angst bekommen. Es ist immer etwas Neues damit verbunden.« Dann sah ich eine Kleidermode, die im Kragen immer einen kleinen Bärenkopf zeigt.

Was wollte mir der Traum sagen? Ängste sind oft mit neuen Situationen verbunden, mit denen man sich auseinandersetzen muss. Der Bär steht hier für eine

Unerschrockenheit, die ich an den Tag legen sollte. Er zeigte mir, dass ich die Kraft dazu habe. Darauf sollte ich mich verlassen.

Diese Haltung hatte ich schon inne, als die Rote Armee nach dem Krieg das Kammergut besetzte, auf dem ich als Magd arbeitete, um meine Familie zu ernähren. Natürlich hatten wir alle Angst vor Vergewaltigung. Ich lebte zusammen mit der Köchin im Obergeschoss. Eines Tages hörte ich einen Russen die Treppe hochkommen. Ich nahm eine große Vase und dachte: Wenn er jetzt reinkommt, schlage ich sie ihm auf den Kopf. Der Soldat kam glücklicherweise nicht herein. Aber ich war unerschrocken. Diese Unerschrockenheit strahlte ich aus. So konnte ich als einundzwanzigjährige junge Frau unter lauter russischen Soldaten leben. Ich wurde nie angefasst. Mit der Sicherheit, die ich dort erlernt hatte, konnte ich mir auch später, während meiner Studentenzeit, mein Geld als Nachtwächterin auf einem riesigen Trümmergelände in Hamburg verdienen.

Viele Hinweise, wie sich Ängste lösen lassen, bekam ich in meinen Träumen. Das half mir auch zu verstehen, wie wichtig Ängste für die Persönlichkeitsentwicklung sind. Nicht nur für meine Persönlichkeitsentwicklung, sondern die aller Menschen. Denn um Angst zu überwinden, müssen wir neue Kräfte in uns aufspüren und sie leben lernen. Ich möchte hierzu einen Satz wiedergeben, den ich so im Traum vernahm:

Angst ist das Thema der Welt. Doch es gibt den Weg des Widerständigen, der den Menschen erst zu dem macht, was er ist.

AGGRESSION.
WARUM AUCH BEDROHLICHE
TRÄUME GUT SIND

Wenn wir träumen, werden wir oft Zeuge von auf-rüttelnden Szenen. Wir sehen angreifende Tiere, leidende Menschen, dramatische Auseinandersetzungen. Nächtliche Erscheinungen sind oft aggressiver Natur.

Es ist aber wichtig zu verstehen, dass Aggression nicht immer schlecht ist. Sie kann zerstörerisch sein, aber auch konstruktiv. Aus meinen Träumen lernte ich: Setze Aggression in schöpferischer Weise ein, sodass der andere darüber nachdenken muss, was in mir vorgeht. Gute Aggression ist für mich kreative Auseinandersetzung mit dem eigenen Leben und dem der anderen Menschen. Dazu gehört, sich selbst infrage stellen zu können –, aber auch offen auf andere zuzugehen und sich zu trauen, ihnen herausfordernde Fragen zu stellen. Solche Fragen können aggressiv sein – aber sie sollten nicht verletzen.

Wer in positiver Weise aggressiv ist, nimmt nicht einfach alles als gegeben hin, was ihm vorgesetzt wird, sondern nimmt in Anspruch, mitzugestalten.

Lassen Sie mich mit einem Traum beginnen, den ich in den Achtzigerjahren hatte:

Ich sehe eine Frau, die nicht sterben kann. Alle warten, bis es so weit ist. Sie ist nur noch ein Wrack und am Verwesen. Ich nehme Verwesungsgeruch wahr und höre das Wort »Kettenglieder«.

Ein sterbender Mensch, der noch nicht fortgehen kann, obwohl er schon verwest. Ein Bild aus einem Horrorfilm, nicht wahr? Aber hinter dieser Szene steht etwas anderes: die dringende Aufforderung, sich von letzten Vorstellungen zu trennen, bei denen ersichtlich ist, dass sie keinen Sinn im Leben mehr machen. Sie gewissermaßen endlich für tot zu erklären. Interessanterweise hallt hier das Wort »Kettenglieder« durch den Raum. Es geht also um etwas, was mich gefesselt hat.

Was bedeutete dieser Traum in meinem Leben? Zu der Zeit, als ich ihn träumte, befand ich mich in tiefer Auseinandersetzung mit den Werten und Prinzipien, die mein Vater mir abverlangt hatte. Es ging um soziale Pflichten, die er über alle persönlichen Wünsche gestellt hatte. Aber ich war langsam dabei, mich von diesen inneren Ketten zu trennen.

Die sterbende Frau war im Traum mein bisheriges Lebensverständnis; ich war dabei, es nach und nach zu überwinden. Es war ein Traum, der mich ermutigen wollte, den in meiner Jugend eingeschlagenen Weg jetzt zu beenden und darauf zu vertrauen, dass ich mich wichtig nehmen darf. Mein Vater war, wie gesagt, sehr autoritär, geradezu überzogen preußisch. Widerspruch war in der Familie nicht geduldet. Daher hatte ich große Schwierigkeiten, im positiven Sinn aggressiv zu sein, besonders in einem größeren Kreis von Menschen.

Es dauerte lange, bis ich mich endlich traute, in der Öffentlichkeit offensiv aufzutreten. Ich erinnere mich noch genau an das erste Mal. Es war bei einem psychotherapeutischen Fortbildungsseminar in den Siebzigerjahren. Für meine Begriffe redete die Dozentin großen Unsinn, war ganz gefangen in den Kategorien und Lehrmeinungen, die sie verinnerlicht hatte. Es machte mich regelrecht wütend. So meldete ich mich schließlich zu Wort und sagte, dass das, was sie erzählte, nichts mit meiner Lebenswirklichkeit zu tun habe.

Mir selbst bedeutete dieser Moment freilich viel mehr als der Seminarleiterin. Sie war lediglich etwas überrascht, mit welcher Vehemenz ihr eine Frau in der

Zuhörerschaft da widersprach. Für mich war es aber eine entscheidende Szene. Ich glaube, jedes Leben birgt solche entscheidenden Szenen. Manchmal kommen sie früher, manchmal später. Es ist ein inneres Erwachen, wenn man zum ersten Mal seiner Umwelt entgegentritt. Das findet überall im Leben statt: Wenn man dem Partner sagt, dass man etwas an der Beziehung ändern möchte, den Eltern mitteilt, dass man ihre Werte nicht teilt, oder dem Arbeitgeber erklärt, dass man andere Vorstellungen von einem bestimmten Projekt hat. Nicht nur, weil man sich unabhängig von den Vorgaben anderer macht, sondern auch, weil man sich der Frage stellen muss: Was will ich eigentlich selbst?

Für mich war der Streit mit der Seminarleiterin ein innerer Aufbruch zu mir selbst. Zuvor hätte ich ihr niemals sagen können, dass ich ihre Ausführungen für viel zu voluminös, zu theoretisch hielt. Psychologie eben, die allgemeingültige Theorie erklären will, aber dem Einzelnen nicht sagen kann, wie er sein eigenes Glück findet.

In der Nacht nach meiner Auseinandersetzung hatte ich folgenden Traum:

In meinem Zimmer wächst ein Gliederkaktus. An den Enden des Kaktus wachsen lauter kleine bewegliche Kroko-

*dile. Plötzlich nabeln sich die Krokodile ab und fangen an,
im Zimmer herumzulaufen. Eines der Krokodile ist besonders kräftig und hat Krallen.*

Was hatte dieser Traum zu bedeuten? Ein Kaktus ist
ja eine Pflanze, die besonders lange Trockenzeiten
überstehen kann. Immer wenn im Traum Kakteen
vorkommen, geht es um die Frage: Wie gehe ich mit
meiner inneren Austrocknung um – wie bringe ich
mein Inneres zum Blühen? Die Trockenheit ist der
Gefühlsmangel, die Unfähigkeit auszudrücken, was
uns bewegt. Und dieser Traum hatte mir gezeigt, dass
neuer Lebenssaft in mich gekommen war, eine neue
Energie, die all die kleinen Krokodile zum Leben
erweckt hat.

Krokodile sind typische Gäste in Aggressions-
Träumen. Denn das Krokodil ist ein besonderes Tier:
Einerseits sind Krokodile mit ihrem riesigen zähne-
fletschenden Maul gefährliche Jäger, andererseits nutzen sie dieses Maul für ihre ausgeschlüpften Jungen
wie eine Wiege, um sie darin zu transportieren. Auch
in der ägyptischen Mythologie kommen diesem Tier
zwei Bedeutungen zu. Das Krokodil gibt es dort in
der Form des zerstörerischen Gottes des Chaos – das
ist das Krokodil »Stinkgesicht«. Und als den Wahrheit
suchenden Gott Sobek, der die Flüsse, die Lebens-

adern der Natur, rein hält. Außerdem ist das Reptil erstaunlicherweise biologisch eng mit den Vögeln verwandt. Und Vögel sind in Träumen stets Symbole der Freiheit. Man kann das Krokodil so verstehen, dass Aggressionen uns einen Weg zur eigenen Befreiung weisen oder aber dem Träumer durch verschlingende Aggression ein chaotisches Verhalten vorgehalten wird.

Wie aber können wir auf diese Selbsterweckung hinarbeiten – und wie helfen uns unsere Träume dabei? Ich arbeitete einmal mit einem Patienten, der ungeheuer aggressiv war. Sein Verhalten war mir rätselhaft, es verfolgte mich bis in die Nacht hinein. Dann – wie aus dem Nichts – kamen mir, als ich aus dem Schlaf erwachte, folgende Gedanken in den Sinn:

»Du kannst deine aggressiven Kräfte nur dadurch in Liebe verwandeln, indem du dem anderen die Wahrheit so sagst, dass er sie annehmen kann. Das ist Liebe. Du kannst es nur tun, wenn du Liebe schenken willst. Das ist Liebe.«

Darin steckte der Schlüssel zum Glück meines Patienten – aber fast jeder kann es auf das eigene Leben anwenden. Wer im Umgang mit anderen das offene Visier nicht scheut, aber gleichzeitig darauf achtet, dass er seine Anregungen, Ideen und seine Kritik so formuliert, dass der andere sie in sein eigenes Leben aufnehmen kann, wird schöpferisch. Denn nur so wird möglich, dass Menschen ihre Vorstellungen, Sichtweisen und Ansätze, das Leben zu meistern, offen miteinander austauschen und zusammen weiterentwickeln.

Wie schon gesagt, entwickelte ich als Kind noch keine Aggression – weder destruktive noch konstruktive. Warum dies so war, schloss mir der folgende Traum auf:

Ich sitze als Kind auf dem Arm meines Vaters. Und dann höre ich lauter Worte: Aggression hoffnungslos – Trauer – mein Bedürfnis ist dein Bedürfnis – meine Sehnsucht ist deine Sehnsucht – meine Fantasie ist deine Fantasie. Ich bin lieb, ich bin lieber, ich liebe dich am meisten, ich liebe dich mehr als Mutti. Ich bin dasselbe wie du. Ich bin dein ein und alles. Du bist mein Geheimnis.

So sehr war ich in die Symbiose gerutscht. So stark hatte ich mich mit meinem Vater identifiziert.

Als meine Eltern gestorben waren, floh ich aus der Ostzone in den Westen. Als ich dann 1952 heiratete, wählte ich mir unbewusst einen Mann mit sehr autoritärem, zwiespältigem Temperament – er schwankte ständig zwischen humorvoller Herzlichkeit und destruktiver Aggression. Wichtig war für mich, dass er mir einen Platz, eine Aufgabe anvertraute. Das aber gab damals meiner verinnerlichten Pflichthaltung neue Nahrung.

Nach dem Tod meines Mannes musste ich mich damit auseinandersetzen, wer ich eigentlich werden wollte. Meine Situation war zum Verzweifeln. Ich hatte von meinem Mann mehrere Betriebe geerbt. Auf allen lasteten große Schulden. Ich hatte keine Ahnung, wie ich damit zurechtkommen sollte. Da träumte ich einen Satz:

Schau dir dein Leben an – Johann Sebastian Bach.

Was hatte das bloß zu bedeuten? Ein Traum, der scheinbar keinen Sinn ergab. Gerade deshalb beschäftigte er mich. Ich hörte damals sehr viel Musik von Bach, vor allem die Brandenburgischen Konzerte. Nach meinem Traum lauschte ich noch intensiver. Die tiefe Ordnung in der Musik, verbunden mit einer aus der tiefsten Tiefe strahlenden Sinnlichkeit, hat mir sehr geholfen. Der Traum hatte mir geraten, alles in meinem Leben auch prüfend mit dem Gefühl zu betrachten und in eine Ordnung zu bringen. Ich musste mir alles veranschaulichen und langsam ordnen, um die Betriebe meines Mannes – außer der Lauterbacher Mühle – Schritt für Schritt loswerden zu können. Drei Jahre lang ging das so. Das Ordnungsprinzip der Musik hat mir geholfen, mich neu zu strukturieren.

Durch mein Einfühlungsvermögen in andere hatte ich immer schon viel Talent, Menschen zu führen. Aber ich hatte nie gelernt, meine eigenen Bedürfnisse und Wünsche dabei auch wichtig zu nehmen. Nun ging es um die Entscheidung, was ich für meine eigene Zufriedenheit noch herausfinden wollte. Den Beginn des heilenden Prozesses schildert der folgende Traum:

Lauter kleine Babys werden beerdigt. Zum Teil leben sie noch. Um mich dazulegen zu können, lege ich etwas zwischen die kleinen Geschöpfe und mich. Viele Ameisen schlüpfen aus ihren Larven, zwischen abfallartigem Zeug. Gelbe Schafgarbe wächst dort jetzt.

Ich hatte den Traum 1983. Eine Zeit, in der ich intensiv an mir arbeitete und deswegen auch besonders intensive Träume hatte. Dieser Traum erinnerte mich noch einmal daran, dass das Pflichtgefühl, von dem ich besessen war – die Ameisen – alles, was in mir wuchs – all die Babys – wieder vergraben hatte. Aber was bedeutete der schöne Anblick der Schafgarbe? Ich nahm ein Botanikbuch zur Hand. Und las: Gelbe Schafgarbe ist eine Heilpflanze. In meinem Traum symbolisiert sie den beginnenden Heilungsprozess in mir. Es war die Zeit, als ich der alten Sehnsucht Raum gab, mich in die Kultur der alten Ägypter zu vertiefen, und ich neben dem Aufbau der Klinik in die Welt der Mythen eindrang.

In dieser Zeit entwickelte ich ein neues Selbstwertgefühl und entdeckte dabei, dass die schönste Aggressionskraft der Humor ist. Zwei Jahre nach dem Babytraum träumte ich:

Ich bin ein kleines Kind und gehe fast unsichtbar an der Hand meines Vaters. Er ist groß und bauchig. Mein Vater schließt eine Tür auf. Mir kullern die Tränen herunter. Hinter der Tür ist ein Pfad, der einen Hang entlangführt. Den Hang rollen Felssteine hinunter.
Plötzlich verwandeln sich die Steine in Blätter. Dann kommt ein Vogel, ein Pirol, und pickt meinem Vater auf dem Kopf herum. Das erheitert mich sehr.

Mit diesem heiteren Gefühl wachte ich auch auf. Rufen wir uns in Erinnerung, wie Träume zu lesen sind. Alles das, was in meinem Traum eine Rolle spielt – ich, der Vater, die Steine – bin ich selbst. Mein kindliches Ich ist gegängelt von den Werten, die mein Vater geprägt hat. Die Steine, die den Hang hinunterrollen, stehen für versteinerte schöpferische Kräfte. Daraus werden Blätter, es erwacht also neues Leben in mir. Ich folgte endlich meinen innigsten Wünschen. Mein Freiheitsbedürfnis kommt in Form eines Vogels herbeigeflogen, der einen starken Schnabel hat und meinem Vater auf dem Kopf herumpickt. Der schöne gelb-schwarze Zugvogel wird auch Pfingstvogel genannt, weil er immer zu dieser Zeit aus dem Süden zurückkommt. Mit dieser neuen Freiheit tanzte ich dem geistigen Erbe meines Vaters förmlich auf dem Kopf herum. Der Traum hat meine Selbstbefreiung gespiegelt, nachdem ich mich auf meine alte Sehnsucht, die Bilder der Welt neu zu begreifen, eingelassen hatte.

Gegen Ende meiner Kindheitsaufarbeitung, 1987, hatte ich folgenden Traum:

Ich drücke verbrannte Erde an mich. Ich weiß, dass es ein Sterbender ist. Ich tue das, um ihn würdig zu bestatten.

Ein erlösendes Bild. Es bedeutete, dass der Anteil in mir, der mir zu lange Zeit Sicherheit versprochen hatte, nunmehr gestorben war und ich ihn beerdigen konnte.

Was hat das alles mit Aggression zu tun? Sehr viel. Nur wer in einem positiven Sinne angriffslustig ist und Vorstellungen, die ihn blockieren, beerdigt, kann sein Leben gestalten.

Mit der eigenen Gestaltungslust kann man sich selbst allerdings auch überfordern. Ich musste das am eigenen Leib erfahren. 25 Jahre lang war ich voller Aufbauwillen, um aus der Lauterbacher Mühle eine Herz-Kreislaufklinik zu entwickeln. Durch mein zunehmendes Interesse an psychologischen Themen, der Traum- und der Mythenforschung, entstanden zu viele Baustellen. Da warnte mich ein Traum:

Ein Pferd, ein großes, etwas grobes Pferd, will nicht die Gangart einlegen, die der Herr wollte. Es bekommt einen Schlag in die Hinterbeine, dann stiebt es los. Ich und andere müssen aufpassen, nicht den Weg des Pferdes zu kreuzen, um nicht von ihm überrannt zu werden.

Auf den ersten Blick könnte man meinen, ich sei in diesem Traum das Opfer einer ungezügelten Aggression, die hier von einem wild gewordenen Pferd ausgeht. Pferde sind ein häufiges Motiv in Träumen, um die Gefühlsvitalität eines Menschen zu spiegeln. Hier geht etwas Wildgewordenes auf einen los, man versucht verzweifelt, sich in Sicherheit zu bringen. Im

Grunde ist man aber in solchen Träumen beides: Angreifer und Angegriffener. In diesem Traumbild war ich also zugleich das Opfer des Pferdes und das Pferd selbst. Durch die vielen Aufgaben, die ich mir stellte, fühlte ich mich ständig überfordert und wendete meine Aggression schließlich gegen mich selbst. Deshalb musste ich mich im Traum vor dem ungezügelt losstürmenden Pferd in Acht nehmen. Ich hatte mir einfach zu viel zugemutet.

Noch ein weiterer Traum mahnte mich:

Ein Stier droht mich anzugreifen. Ich hatte meinen Türkisschmuck, den ich trug, irgendwo an der Stelle, wo ich übernachtet hatte, liegen lassen. Ich muss ihn in einer schmuddeligen Umgebung wieder zusammensuchen.

Schauen wir uns diese Art der Aggression einmal genauer an: Der Stier, der hier die Aggression so eindrucksvoll symbolisiert, ist eine ganz besondere Traumzutat. Rinder sind bekanntlich Wiederkäuer, sie fressen Gras, schlucken es hinunter und würgen es anschließend in einem vorverdauten Zustand wieder hoch, um es erneut zu kauen. Dieser Prozess erstreckt sich über vier Mägen, die die Nahrung immer feiner auswerten. Und was sollte ich so gründlich verdauen?

Ich hatte gelernt, auch in schwierigen, konfrontativen Situationen gelöst und heiter zu bleiben. Doch ich steigerte mich wieder in zu große Strenge und Perfektion hinein, als ich begann, während der Traumseminare meine Freizeit zu opfern, um alle schon bearbeiteten Teilnehmerträume nochmals zu überprüfen.

Der verlorene türkisfarbene Schmuck im Traum weist mich darauf hin: Er zeigt, dass ich mir schon etwas erworben hatte, eben diese Fähigkeit zur Gelöstheit. Türkis spielt – wie ich schon erwähnte – in der ägyptischen Mythologie als Farbe der Selbstbefreiung eine große Rolle. Diese Edelsteine gingen mir im Traum verloren, ich musste sie wieder aus dem Schmutz meines unklaren Verhaltens herausklauben.

Das Beispiel des Stieres zeigt, wie sorgfältig man einen Traum, an den man sich erinnert, untersuchen muss. Natürlich würde man beim Anblick eines Stieres erst einmal denken, dieses wütende Tier stünde dafür, dass jemand den Träumer angreift. Aber er war ein Bild der Aggression gegen mich selbst. Er mahnte, mich vor Selbstüberforderung zu schützen.

Viele Menschen betrachten Albträume als etwas Bedrohliches. Wenn sie aus einem Albtraum erwachen, erzählen sie sehr beunruhigt und ängstlich davon. Dabei sollte man, ganz im Gegenteil, diese

Traumbotschaften dankbar aufnehmen und zum Anlass nehmen, in sich hineinzuhorchen. Denn auch in Albträumen geht es meist um den Umgang mit uns selbst.

Es kann auch eine Aggression von außen sein, auf die wir mit Angst reagieren. Etwa wenn jemand gewaltsam in ein Haus einzubrechen versucht. Ein Patient erzählte mir folgenden Traum:

Ich wache nachts auf, weil ich ein Klopfen an der Tür höre. Ich trete aus dem Wohnzimmer in den Hausflur und erkenne, dass die obere Hälfte meiner Haustür aus Glas ist. Durch das Glas hindurch sind etliche Fäuste zu sehen, die mit aller Wucht gegen die Tür trommeln. Erschrocken fliehe ich in die Küche. Als ich den Raum betrete, sehe ich, wie am Fenster ein Schatten weghuscht.

Der Mann, der mir diesen Traum erzählte, ist Führungskraft in einem großen Unternehmen. Als solche muss er oft Entscheidungen treffen, die nicht bei allen Mitarbeitern populär sind. Der Widerstand, der ihm entgegengebracht wird, bereitet ihm Kopfzerbrechen. In seinem Traum spiegelt sich das wider.

Die Fäuste sprechen für starke Aggressionen von außen. Hier spielt Angst eine große Rolle. Der Träumer will diese Gefahr von sich abhalten. Wenn wir aber betrachten, wie der Traum weitergeht, erkennen wir: Selbst ein Traum, der wie dieser eine unheimliche Bedrohung darstellt, spiegelt nicht nur die Gefahr, sondern zeigt zugleich, in welcher Weise wir zur Lösung vordringen können.

Der Träumer flieht in die Küche. Die Küche ist der Raum, in dem man seine Nahrung bereitet, sich um sich selbst sorgt. Das lässt sich als Aufforderung verstehen, innezuhalten und sich mit sich selbst zu beschäftigen, um sich neue Lebensnahrung zuzubereiten. Besonders wichtig ist der Schatten, der hinter dem Fenster zu erkennen ist. Ein Schatten steht in unseren Traumbildern für eine in der Kindheit nicht lebendig gewordene Lebenskraft, weil eine Angst sie unterdrückte. Dieses Bild legt nahe, dass sich der Träumende mit einem Kapitel aus seiner Vergangenheit auseinandersetzen soll, das er sich bisher nicht bewusst gemacht hatte. Durch den Traum kann er lernen, anders als bisher mit Angriffen von außen umzugehen.

Im Gespräch erzählte der Patient mir dann von seiner Kindheit und wie er unter der Scheidung seiner Eltern gelitten hat, unter den schrecklichen, unversöhnlichen Streitereien zwischen Vater und Mutter, die schließlich dazu führten, dass die Mutter die Familie verließ. Daraus hatte er als Kind gelernt, dass Auseinandersetzungen zur Katastrophe führen. Die Harmoniesucht, die daraus resultierte, wurde ihm als Führungskraft hinderlich.

Träume, die aus verstörenden Bildern bestehen, können sich also bei näherer Betrachtung als wertvolle Ratgeber erweisen, wie wir besser mit Konflikten umgehen. Dass wir uns im ersten Moment von den drastischen Bildern abwenden, ist zwar verständlich. Es ist ja auch alles andere als bequem, sich damit auseinanderzusetzen. Aber gerade, wenn Wut und Angst unser Denken bestimmen, ist der Traum oft die einzige Stimme in uns, die einen sinnvollen Rat parat hat.

Besonders aufmerksam sollten wir auf Träume achten, wenn es um den Umgang mit unserer eigenen Wut geht. Vielleicht bevölkern dann gefährliche Tiere unsere Träume. So zum Beispiel aggressive Fische, Haifische oder Piranhas, wenn unsere Bedürfnisse sich unkontrolliert durchsetzen wollen.

In einem Traum ging es darum, dass eine Frau, die Betrügern in die Hände gefallen war, zu kämpferisch werden wollte und sich damit in Gefahr brachte. Sie träumte:

Ein Mann steht an einem Fluss, zieht sich aus und springt kopfüber ins Wasser. Ich bin entsetzt, denn ich weiß, dass der Fluss voll Piranhas ist.

Ich will den Mann warnen, rufe ihm zu, er solle sofort aus dem Wasser kommen, aber er achtet nicht auf mich. Er schwimmt ein Stück weit, das Wasser ist zunächst ganz klar, aber gleich darauf wird alles um den Mann herum dunkel im Wasser.

Ich sehe den Mann nicht mehr und weiß, dass die Piranhas über ihn hergefallen sind.

Als das Wasser wieder klar wird, sehe ich das Skelett des Mannes auf dem Grund liegen.

Die Träumerin erinnert sich, dass sie einmal erlebte, wie die messerscharfen Zähne dieser Fische in wenigen Minuten eine ganze Kuh bis auf das Skelett abgefressen hatten. In dem Traum stellt der Mann ihre Tatkraft dar, die sich unüberlegt in etwas Unübersehbares stürzen wollte. Darin steckte folglich die Warnung, nicht zu handeln, bevor sie nicht ihre eigenen Kräfte einschätzen kann.

Wie unterschiedlich man mit Aggression umgehen kann, die von außen kommt, sehen wir auch in den folgenden zwei Traumszenen einer jungen Frau:

… plötzlich sehe ich, dass sich um mich herum lauter Ratten bewegen. Ich spüre ihre Krallen auf meiner Haut und die Schwänze, die sich um meine Arme und Beine wickeln. Ich will schreien, aber ich habe keine Stimme.

Dann treibe ich auf einem Floß im Meer. Haie fangen an,
an dem Floß zu knabbern. Da erblicke ich einen Haifisch,
der das Floß angreift. Er beißt immer größere Stücke heraus.
Doch statt der Zähne hat er lauter Eichenbäume im Maul.
Wunderschöne Bäume, mit vielen grünen Blättern. Ich wer-
de zwischen die Bäume getrieben und verschluckt.
Plötzlich sitze ich auf einer Wolke im All. In der Ferne sehe
ich die blaue Erde treiben.

Ratten leben im Untergrund. Sie sind wahllose Alles-
fresser und entwickeln eine dunkle aggressive Energie, von der sich die Frau eingekreist fühlt. Dann ist
da der Haifisch mit den Eichenbäumen im Maul.
Gewachsene Eichen sind natürlich kein Bild für scharfe Zähne. Sie sind das tiefste Gleichnis für unsere
Kräfte, die wir brauchen, wenn wir uns kraftvoll mit
dem Leben auseinandersetzen wollen. Solche kreative
Aggression sollte die Träumerin gegen ihre Umwelt
entwickeln. Doch sie will sich lieber durch Illusionen
aus ihrer schrecklichen Umwelt herausretten und verliert so den Boden unter den Füßen.

Wir können auch vor eigenen aggressiven Gefühlen gewarnt werden.

Beispielsweise war ich einmal sehr schlecht auf
einen Bekannten von mir zu sprechen. Zwischen uns
bahnte sich eine heftige Auseinandersetzung an. Ich

war wild entschlossen, ihn all meinen Brass spüren zu lassen, da hatte ich folgenden Traum:

Ich fahre im Auto eine Straße entlang. Auf der Straße entsteht ein Stau. Nichts geht mehr vorwärts. Plötzlich sehe ich, wie hinter mir ein Militärfahrzeug heranrast, direkt auf mich zu. Kurz bevor es mich rammt, bremst es scharf und kommt auf der Stelle zum Stehen. Ich bleibe unversehrt.

Der Stau auf der Straße symbolisiert die Aggressionen, die sich in mir gestaut hatten. Sie bringen den Fluss meines Lebens zum Stocken. Ich komme nicht weiter, beschäftige mich nur noch mit dem Groll. Das heranrasende Militärfahrzeug kündigt den nahenden Wutausbruch an. Es zeigt aber, dass in diesem Streit nichts Klärendes liegen würde. Stattdessen käme es zu einem Zusammenstoß, der nur zerstörerisch wirken und bei dem mein Bekannter darüber hinaus ungerecht behandelt würde. Denn ich fühlte im letzten Augenblick, dass ich nur überreizt war; so konnte ich mich noch fangen und blieb unversehrt. Ich wählte ein konstruktives Gespräch, um unsere Probleme aus dem Weg zu räumen. Noch befriedigter wäre ich gewesen, wenn ich einem Gedanken gefolgt wäre, der mir eines Nachts im Traum kam:

Du hast deine aggressiven Kräfte ohne Humor benutzt. Dir kommen die humorigen Einfälle nicht von allein. Du musst es wünschen, dann findest du den Weg. Es ist eine liebevollere Art, den Menschen die Wahrheit zu sagen.

So schön dieser Weg ist – er ist natürlich nicht immer der Königsweg. Manchmal ist es wichtig, dass man sich durchsetzt und der Aggression freie Bahn lässt. Auch das kann Thema eines Traumes sein. Ich erinnere mich an einen Traum, den mir eine Patientin erzählte, die in der Kirche arbeitete. Sie engagierte sich dort sehr für ökumenische Gottesdienste, was der Kirchenleitung nicht gefiel. Sogar der Bischof griff ein. Er verbot, an einem Sonntag ein gemeinsames Abendmahl einzunehmen. Das empörte die Frau. Sie träumte:

Ich befinde mich mit vielen Menschen in einem Raum, in dem Gottesdienst gefeiert wird. Wir sitzen hufeisenförmig zusammen. Ich ganz hinten, vorne in der Mitte ist der Pfarrer. Auf einmal geht der Pfarrer auf zwei Männer los, die Schulter an Schulter in der Mitte des Hufeisens sitzen und fährt ganz brutal zwischen die beiden. Ich bekomme wahnsinnige Angst, dass es zu noch mehr Brutalität kommt. Ich stehe entschlossen auf und sage: »Gewalt in der Kirche dulde ich nicht. Lasst mich raus.« An allen Reihen gehe ich vorbei und ver-

lasse den Raum. Draußen blicke ich in den Nachthimmel auf und sehe einen Haufen ungeordneter Sterne. Während ich noch hinsehe, ordnen sich die Sterne zum Bild eines Schmetterlings.

Die beiden Männer in der Kirche stehen für die Ökumene. Für die katholischen und evangelischen Menschen, die gerne zusammen Gottesdienst feiern wollen. Der Pfarrer, der so brutal dazwischengeht, symbolisiert die Kirchenautoritäten, die dieses Engagement unterlaufen.

Trotz ihrer seit Kindheit gewohnten Schüchternheit hat die Frau den Mut aufzustehen und findet sich unter dem Sternenhimmel wieder. Sterne sind jeder eine Welt für sich, so wie jeder Mensch eine eigene Welt in sich ist. Der Sternenhaufen, der sich zu einem Schmetterling formt, zeigt, dass sie in ihrer Auseinandersetzung nicht allein bleiben sollte. Denn gemeinsam können die Mitglieder der ökumenischen Gemeinde durch Verwandlungsprozesse die Leichtigkeit und Freiheit für ihre Wünsche gewinnen, die der Schmetterling symbolisiert. Er überwindet sein Raupenstadium, um dann scheinbar schwerelos und in herrlichen Farben von Blüte zu Blüte zu fliegen. Damit spiegelt er uns, wie wir den Nektar aus unseren aufgeblühten Wünschen gewinnen können.

Interessant ist auch der Rhythmus der Träume. Er zeigt meistens im ersten Teil das Umfeld des Konfliktes; im zweiten den Zwiespalt, dem der Träumende noch unterliegt, und im dritten den positiven oder negativen Lösungsversuch, der aus dem Zwiespalt herausführt. Es lohnt sich, diesen Rhythmus immer neu aufzuspüren, weil es die Entschlüsselung von Träumen sehr erleichtert.

Bislang ging es mir darum zu beschreiben, welche Botschaften ein Traum transportieren kann, in dem Aggressionen und Bedrohung vorkommen. Ich wollte aufzeigen, dass vieles, was auf den ersten Blick erschreckend und aufreibend wirkt, eine liebevolle Botschaft enthalten kann, wenn man sich nur die Mühe macht, den Traum zu entschlüsseln.

Nun gibt es allerdings auch Menschen, die nicht nur hin und wieder im Traum von Aggressionen aufgeschreckt werden, sondern deren gesamtes Leben davon gezeichnet ist. Solche Menschen bedürfen einer längeren Arbeit an ihren Träumen, weil sie erst lernen müssen, auf ihre gewohnte Waffe zu verzichten. Schließlich geht es bei der Traumarbeit nicht darum, einzelne nächtliche Erscheinungen zu interpretieren. Vielmehr sollen wir lernen, die kreativen und reflexiven Prozesse, die in uns im Schlaf vor sich gehen, dafür zu nutzen, um ein freieres Leben zu führen. Die Träume sollen uns helfen, die richtigen Ziele zu erkennen und eine neue Leichtigkeit zu gewinnen.

Und niemand vermisst diese Leichtigkeit so sehr wie jemand, der sich seinen Mitmenschen gegenüber aggressiv verhält. Diese Menschen scheitern daran, ihre Wahrheit den Mitmenschen so mitzuteilen, dass sie diese annehmen können.

Aggressivität wird als Selbstschutz erlebt. Ich habe einen Patienten gehabt, der ungeheuer aggressiv werden konnte. Und zwar immer dann, wenn er das Gefühl hatte, zu wenig beachtet zu werden. Er wurde dann von einem schneidenden Hass ergriffen. Diesen Hass spie er aber nicht aus, sondern verwandelte ihn in beißende Ironie. In einer fortgeschrittenen Therapiestunde erzählte er mir dann folgenden Traum:

Wir wollen eventuell ein Anwesen verkaufen, das recht chaotisch ist. Der Mann hängt aber sehr daran. Ich rate zu verkaufen, bin aber unsicher. Es ist so eine Art Freizeitgelände für den Mann.

Dann sieht er in eine Schlangengrube und fragt sich, ob er sich nicht lieber mit der Jugendschlange dort unten vergiften solle.

Und dann sieht er eine große, schwarz-weiß gemusterte Schlange und springt sofort in die Grube.

Dass es bei diesem Traum um einen existenziellen Konflikt geht, konnte ich schon daran erkennen, dass er sehr aussagestarke Traumsymbole beinhaltet. Häuser im Traum zeigen die seelische Behausung des Träumenden, und dieses Seelenhaus ist aufgrund seiner heftigen Aggressionen in einem chaotischen Zustand. Als der Patient aber während der Therapie spürte, wie befreiend Gespräche sein können, wollte er sich von dieser Behausung aus seiner Kindheit trennen. Dafür spricht der in dem Traum angestrebte Verkauf. Andererseits ist ihm seine alte Verhaltensweise sehr lieb geworden, deswegen taucht der Begriff »Freizeitgelände« auf. Durch seinen Sarkasmus hat er die eigene Verzweiflung gewissermaßen zur Spielwiese gemacht. Aber was bedeuten die Schlangen? Immer wenn Schlangen in Träumen auftauchen, geht es um den Drang, das eigene Leben zu erneuern. Sie stehen für den Lebenstrieb des Menschen.

Es ist unglaublich, in welcher Regelmäßigkeit und Vielfalt sie in unseren Träumen vorkommen. In der biblischen Mythologie ist es die Schlange, die den Menschen dazu bringt, die Früchte vom Baum der Erkenntnis zu pflücken. Sodass er lernen konnte, zwischen Gut und Böse zu unterscheiden. Darum geht es auch in unseren Träumen. Was ist das Wesen der Schlange? Schlangen kommen im Leben nur vorwärts, indem sie sich am Widerstand des Untergrundes reiben. Genauso kommen auch wir nur weiter, indem wir uns mit den Widerständen auseinandersetzen, die uns das Leben bietet. Um weiterwachsen zu können, muss die Schlange ihre Haut abstreifen, so wie auch Menschen ihre Begrenzungen überwinden und ablegen müssen, um sich zu entwickeln. Die gespaltene Zunge, mit der die Schlange ihre Nahrung prüft, gleicht dem Zwiespalt, der in unseren Gefühlen anzeigt, dass wir uns neu entscheiden müssen, was uns schmeckt. In welchem Zustand die Schlange uns im Traum begegnet, sagt viel über unsere aktuelle Situation aus.

Eine schwarze Schlange steht im Zusammenhang mit den aus unseren Ängsten erwachsenen Verhaltensweisen in der Kindheit, die überwunden werden müssen. Darum nennt der Träumer sie im Traum »Jugendschlange«. Helle und farbige Schlangen hingegen gleichen unserem kreativen Lebenstrieb.

Der Träumer überlegt hier also, sich mit der Jugendschlange zu vergiften. Das würde bedeuten, sich zurück in den Hass und den Sarkasmus zu flüchten, den er als Heranwachsender erlernt hat, um sich selbst zu schützen. Dann aber sieht er, dass sich die Schlange in eine schwarz-weiße Schlange verwandelt hat. Sie weist ihn darauf hin, dass er sich schon intensiv mit dem Widerspruch, den er in sich trägt, auseinandersetzt und auf einem guten Weg ist.

Mit diesem Menschen habe ich lange gearbeitet. Wir sind gemeinsam die Träume seiner Kindheit durchgegangen, damit er auf konfrontative Situationen anders reagieren lernt. Statt destruktiv zu reagieren, übte er, seinem Gegenüber Fragen zu stellen, dessen Standpunkt zu erkunden, und so ist er nach und nach von seiner zynischen Weltsicht abgekommen.

Es gibt einen Spruch, den die Menschen gerne benutzen. Er heißt: Träume nicht dein Leben, sondern lebe deine Träume. Ich glaube, die meisten ahnen nicht, wie viel Wahrheit darin steckt.

Für mich ist das Wunderbare an Träumen, dass man mit ihrer Hilfe ganz persönlich die Menschen an Kräfte heranführen kann, die in ihnen noch schlummern. Auch verborgene Wünsche zeigen sich nirgends so deutlich wie in Träumen. Durch Fragen kann man den Träumer langsam zu sich selbst hinführen und nachdenklich machen.

Es ist auch eine Aufgabe, die ich mir selbst immer wieder stellen musste. Lassen Sie mich von einem Traum erzählen, den ich 1983 hatte, als ich mich besonders tief mit der Beziehung zu meinem Vater auseinandersetzte. Ich war damals in großer Aufbruchstimmung, mit meinen Bedürfnissen in Kontakt zu kommen. Ich träumte:

Ich sehe Iphigenie auf Tauris als liegende Frau nackt wie auf einem Gemälde und höre den Satz: »Ich hatte Licht.«

In den Siebzigerjahren hatte ich auf meinem Schreibtisch ein Abbild von Iphigenie auf Tauris stehen. Die Geschichte der Iphigenie ist folgende: Sie wurde von ihrem Vater Agamemnon auf eine Insel verbannt. Als Priesterin musste sie Menschen hinrichten. Das war meine Situation, die sich mir im Traum darstellte. Ich war verbannt in die innere Isolation und musste infolge meiner erlernten Pflichtauffassung meine persönlichen Wünsche immer wieder »hinrichten« und damit meine aggressive Kraft gegen mich selbst richten. Das Licht, das mir als Kind gegeben worden war, war mir abhanden gekommen.

Der Traum mahnte mich damals, genau zu beobachten, mit welcher Haltung ich gerade durch das Leben gehe. Ich musste viel mit mir kämpfen und mühsam meine Kindheit aufarbeiten. Vor ein paar Jahren, als ich die alte Angst, nicht gehört zu werden, überwunden hatte, träumte ich dann:

Es ist dein neuer Weg. Er geht aus der Isolation heraus.

Kurz vor diesem Traum hatte ich aus Zürich eine Fernsehaufführung der Iphigenie gesehen, die mich sehr beeindruckt hatte. Heute geht es in meinem Leben eigentlich eher um die Frage, wie ich noch leichter und beschwingter leben kann. Und ich freue mich mit jedem, der weniger harte Wege gehen muss, um zu dieser Erkenntnis zu gelangen.

DIE FAMILIE.
WIE WIR IN TRÄUMEN UNSERE
KINDHEIT AUFARBEITEN

Weil die Welt das Bilderbuch ist, in dem wir Gottes Geist suchen können, beschenkten uns die alten Kulturen mit Mythen und Märchen. Sie sprechen wie Träume in Bildern zu uns und öffnen die Fantasie der Kinder für den Zwiespalt zwischen Hell und Dunkel, zwischen Gut und Böse, so wie die Träume es tun.

In kleinen Kindern sprudelt das Leben – wie Rotkehlchen zwitschern sie auf den Zweigen des Lebensbaums. Wie kleine Fohlen galoppieren sie über die Felder ihrer Entdeckungslust. Sie wollen sich selbst begegnen und saugen wie Bienen den Nektar aus all ihren kleinen aufblühenden Wünschen. Dann tauchen die ersten Ängste auf und engen diese Lebendigkeit ein, und aus den Ängsten entwickelt das Kind Strategien, um seine Angst klein zu halten. Diese Ängste haben viele Gesichter. Jedes Kind versucht, sich vor ihnen zu schützen. Vielleicht entwickelt es,

- wenn es nicht gehört wird, den Hochmut, etwas Besonderes zu sein, um sich darin zu bestärken, dass es den anderen überlegen ist und gar nicht verstanden werden kann;

- wenn es weniger Liebe erfährt als die Geschwister und eifersüchtig wird, den Ausweg, sich unwichtig zu machen; oder aber es gerät in Hass, um sich für seinen Schmerz zu rächen;

- wenn es zu wenig Anerkennung bekommt, einen übertriebenen Leistungsdrang;

- wenn es viel Kritik ertragen muss, kein Selbstwertgefühl oder einen lebensfeindlichen Perfektionismus;

- wenn seine Wünsche abgewertet werden, aggressive Gefühle gegen sich selbst, um keine Wünsche mehr aussprechen zu müssen;

- wenn es mit Liebesentzug bedroht wird, zu viel Anpassung an andere;

- wenn es Angst haben muss, bloßgestellt zu werden, die Flucht in die Schamangst;

- wenn es Angst hat, verlassen zu werden, eine Neigung zur Panik;

- Wer Willkür in seiner Kindheit erlebt hat, hat vielleicht immer Angst, zwischen die Fronten zu geraten, und zieht sich zurück.

Solche Erfahrungen blockieren Lebenskräfte, was der Erwachsene schmerzvoll wahrnimmt. Träume fordern dann auf, uns aus den Schutzhaltungen der Kindheit zu lösen, um die einst verschüttete Lebenskraft wiederzufinden. Davon erzählen auch Mythen und Märchen. Es ist das Schicksal des Menschen, im Ringen um die eigene Befriedigung zu lernen, sich das Leben und seine Gesetze bewusst zu machen. Dazu ist die Angst da. Der erste Traum zu meiner Kinderangst schreckte mich mit einem mythologischen Bild:

Ich sehe den Kopf vom Gott des Chaos aus der ägyptischen Mythologie. Er hat einen merkwürdigen Rüsselkopf und streckt mir eine lange Froschzunge entgegen. Dann liege ich als Baby mit blonden Haaren im Bett meiner Eltern, als ob man mich dort abgelegt und vergessen hätte. Das Baby verzieht sein Gesicht voller Schmerz und Verzweiflung, weil niemand sein Schreien hört.

Das Chaos entstand in mir, weil niemand mein Schreien hörte. Der Gott des Chaos zeigt mir eine Froschzunge. Den Frosch und seine Gleichnisbedeutung im Traum habe ich im Kapitel »Angst« bei mehreren Träumen ausführlich beschrieben. Hier noch einmal zur Erinnerung: Der Frosch ist im Traum ein Ausdruck für die Ambivalenz, die das Kind nicht auflösen konnte. Denn einerseits versinnbildlichen Frösche den Sprung ins Leben – sie besetzen Bäume bis in die Wipfel –, andererseits aber auch große Angst, weil sie sofort im Schlamm verschwinden, sobald man sich ihnen nähert. Der Traum zeigte mir die Froschzunge, weil ich mir bewusst machen sollte, dass ich in der Kindheit das Gefühl entwickelt hatte: »Ich werde nicht gehört« und dadurch lernte, meine Gefühle zu verbergen.

Wie ich zu Anfang beschrieben habe, konnte das geschehen, weil meine Eltern, als ich noch ein Säugling war, nächtelang unterwegs waren und deshalb mein Schreien nicht hörten. Aus dieser Erfahrung entstand in mir die Flucht in die Vorstellung: »Ich bin unwichtig.« Und so kam ich gar nicht auf die Idee zu sagen, was ich fühlte und was ich mir wünschte. Die Sehnsucht danach aber blieb immer in mir. In vielen meiner Träume, von denen ich in diesem Buch erzähle, wird deutlich, wie ich im Laufe meines Lebens den Käfig meiner Angst öffnen konnte, der aus den Stäben ständiger Pflichterfüllung bestand. Dazu träumte ich in den Neunzigerjahren rückblickend:

Als das Vertrauen zum Glück in mir brach, suchte ich Sicherheit an einer Rampe, an der ein Arbeiter voller Wucht mit seinem Schubkarren gleich nach mir landete.

Es war eine Notrampe. Weil ich das Vertrauen verlor, mich wichtig nehmen zu dürfen, flüchtete ich mich in Leistung und Pflicht. Das war die Baustelle meines Lebens, die es über lange Zeit aufzulösen galt. Und als ich lernte, mir selbst liebevoller zu begegnen, beschenkte mich ein Traum mit der Botschaft:

Ich bin vom Glück heimgesucht worden.

Manche Menschen können sich noch an Träume aus ihrer Kindheit erinnern. Oft handelt es sich um Wiederholungsträume, die dafür sorgten, dass sich die Angst des Kindes in sein Gedächtnis einbrennt. Eine Frau erzählte solch einen Traum, den sie wiederholt zwischen ihrem achten und fünfzehnten Lebensjahr träumte:

Ich komme aus meinem Elternhaus, überquere die Straße wie immer, um zum Siebenmorgenweg zu gelangen. Das war mein Schulweg. Gerade über die Hälfte der Straße gekommen, kann ich plötzlich nicht mehr von der Stelle gelangen, denn vor mir tut sich ein tiefer Graben auf.
Da kommt von der Brücke her ein Panzer direkt auf mich zu. Der Graben wird länger und immer tiefer. Der Panzer überfährt den Graben, fährt auf mich zu. Ich will den Gra-

ben überspringen und falle unendlich in die Tiefe dieses Grabens hinein.

Der Traum schildert eine Angst, unter der die Träumerin noch als Erwachsene sehr leiden musste: Als sie etwa sechs Jahre alt war, wurde ihr Vater schwer krank. Er blieb lange von zu Hause fort, und weil sie ihn so sehr liebte, vermisste sie ihn sehr. Als der Vater nach Hause kam, war er ein anderer geworden. Er war noch immer schwer krank und blieb verschlossen wie ein Panzer. All ihre Zuneigung prallte an seiner Unerreichbarkeit ab. Das verstärkte sich noch mehr, da die Mutter den Vater über die Maßen zu schützen suchte. Die Kinder mussten, wenn sie heimkamen, auf Zehenspitzen gehen. Der Vater nahm nicht mehr an den gemeinsamen Mahlzeiten teil. Der Verlust war total.

Der Panzer verkörpert das Bild des Vaters. Im Anblick dieses unerreichbaren Vaters fiel sie nach und nach in die unendliche Tiefe einer Verlassenheitsangst, die an die Angst gekoppelt blieb, ein geliebter Mensch könne plötzlich unerreichbar für sie werden. Dieser Traum gab der Träumerin erstmals die Chance, bewusst ihre Ängste anzusehen und sich mit ihnen auseinanderzusetzen.

Natürlich können wir in Träumen auch den lebenstüchtigen Eigenschaften unserer Eltern begegnen, um sie uns zu eigen zu machen. Um ihr Selbstwertgefühl zu behaupten, geriet eine Frau häufig in aggressive Wortwechsel, ohne sich jedoch frei und wohl danach zu fühlen. Ein Traum forderte sie auf, sich an der bodenständigen Kraft der Mutter zu orientieren:

Hohe Klippen aus Sand, tief unten das weite blaue Meer. Ich liege mit meiner Mutter auf diesen Klippen.
Ich sehe ein sinkendes Kriegsschiff. Das Wasser hat das Deck schon leicht überspült.
Ich sage, wenn diejenigen, die unter Deck sind, immer noch nicht wahrhaben wollen, dass das Schiff sinkt, werden sie sich nicht mehr retten können.
Der Sand, aus dem die Klippen sind, ist ganz bröckelig, wie Treibsand – und ich habe Angst, ins Meer abzustürzen.
Es ist Zeit, diesen gefährlichen Ort zu verlassen, doch ich weiß, dass jeder Versuch aufzustehen, den Absturz bedeutet. Ich strecke meine Arme aus, und meine Mutter zieht mich auf festen Boden.

Das ist ein gefährliches Lebensbild – hoch über dem Meer der unbewussten Gefühle auf sandigen Klippen ohne Struktur und Halt zu sitzen. Ich fragte sie, ob sie sich so bedroht und unsicher fühle. »Ja«, sagte sie. »Ich fühle mich so weit weg vom Leben und von mir selbst. So unerlöst, und ich bin voller Sehnsucht nach einem Sinn.«

Ein Kriegsschiff dient dazu, aus allen Rohren nach allen Seiten zu schießen – ein Bild der aggressiven Reaktionen in der Träumerin. Die Aggression hatte ihr eine Zeit lang das Gefühl gegeben, sich selbst zu behaupten. Doch dieses Kriegsschiff sank. Sie drohte darin unterzugehen, denn ihre Aggressivität wurde vom Gefühl der Hilflosigkeit überschwemmt. Der Boden rutschte ihr unter den Füßen weg. Sie empfand sich wie auf Treibsand, der sie ins Meer der unbewussten Gefühle mitzureißen drohte, und sie fürchtete, nicht mehr Herr ihrer selbst zu sein. Nun wusste sie, es ist höchste Zeit, sich aus dieser gefährlichen Lebenssituation zu befreien. Darum streckte sie beide Arme nach der neben ihr liegenden Mutter aus. Die Mutter meistert besonnen das tägliche Leben, und so legt ihr der Traum nahe, diese Kraft auch in sich selbst zu suchen.

Öfter erinnert ein Traum auch an die Kraft, über die wir in unserer Kindheit noch verfügten und die wir zurückgewinnen sollen. Ein Mann, der gerade von seiner Frau verlassen worden war, geriet in Gefahr, das Vertrauen zu sich selbst zu verlieren. Da erinnerte ihn der Traum daran, wie es war, als er sieben bis acht Jahre alt war.

Ich ging als Erwachsener über Wiesen auf der linken Seite eines Baches. Der Bach war nicht sehr breit, aber mit einer starken Strömung versehen und war über die Ufer getreten. Am Rande des Baches stand ein Haus. Das Wasser berührte die Hauswand. Der Eingang des Hauses war dem Bach zugekehrt. Dieser war einen Meter hoch. Zu diesem Eingang führte eine Treppe, die gleichzeitig den Bach überquerte.

Als ich näher kam, sah ich, wie eine Katze um ihr Leben kämpfte. Sie versuchte auf die Treppe zu kommen, fiel aber immer wieder zurück. Sie war zerzaust und nass. Ich dachte, hoffentlich hält sie durch, bis ich bei ihr sein kann. Als ich bei ihr angelangt war, versuchte ich, sie zu packen, aber sie war nicht mehr da.

Ich schaute hinter mich, da sah ich ein Mädchen von sieben bis acht Jahren. Es stand dort und hatte die Katze gerufen. Dann sagte ich zu dem Mädchen: »Weißt du, die Katze war in Panik, und da findet man die einfachsten Lösungen nicht.« Und das Mädchen antwortete ganz ernsthaft: »Ja, die Katze war in Panik.«

Die heftige Strömung des Bachwassers zeigt, in welch starker Bewegung sich die Gefühle des Mannes befanden, als er sich von seiner Frau verlassen sah. Um wieder in sich selbst wohnen zu können – hierfür steht das Haus –, soll er sich etwas bewusst machen. Das versinnbildlichen die Stufen der Treppe.

Das Gefühl für seine Unabhängigkeit (Katze) entglitt ihm; er kämpft mit seinem Verlassenheitsgefühl. Doch er möchte seine Unabhängigkeit wiedergewinnen, die immer ein Teil seines Wesens war. Dazu soll er sich auf die Zeit besinnen, als er im Alter von sieben bis acht Jahren im Luftschutzkeller als einziger »Mann« unter Frauen Angstfreiheit bewies, indem er während der Bombenangriffe gelassen in einem Buch las. Er konnte sich in diese Zeit wieder gut einfühlen und sich daran freuen, wie frei er damals gewesen war.

Die Achtjährigkeit des Mädchens enthielt noch einen weiteren Hinweis: Am Abend zuvor hatte der Patient an einer Dichterlesung teilgenommen. Es wurde Dostojewskys »Traum eines lächerlichen Menschen« gelesen. Darin rettet eine Achtjährige im Traum den Lebenswillen eines alten Mannes.

Der Traum half dem Mann, sich darauf zu besinnen, wie frei und unabhängig er handeln kann und dass er es gar nicht nötig hat, in Panik zu geraten.

Ist es nicht beeindruckend, mit welchen Bildern der Welt wir herausgefordert werden, über unser Leben nachzudenken? Auch der nächste Traum beschenkt eine Frau mit fantasievollen Bildern, weil es ihr gelungen war, sich aus einer alten Schutzhaltung zu befreien:

Ich bin in einem kleinen Zimmer mit meiner Mutter zusammen, um das Zimmer aufzuräumen. Plötzlich setzt sich ein weißer Faden in Bewegung und ich sehe, es ist eine Ameise, die ihn transportiert.

Ich jage das Gespann und trete die Ameise tot.

Zu meinem Erstaunen ist nun der Faden ein hellgrünes Krokodil von circa 40 cm Länge, das sich befreit aufrichtet, auf den hinteren Schenkeln steht, die Vorderbeine seitlich ausstreckt und einen ganz glücklichen und befreiten Gesichtsausdruck hat.

Ich sage zu meiner Mutter: »So etwas habe ich noch nie gesehen.«

Sie träumte diese Bilder, nachdem sie einen glücklichen Tag in den Bergen verbracht hatte. Dieser Ausflug war möglich geworden, weil sie zuvor ihren freudlosen Putzdrang zornig besiegt hatte und dadurch Zeit gewann, sich den Wanderwunsch zu erfüllen.

Die erste Szene weist sie auf die Mutter hin, die stets nachdrücklich von ihr verlangt hatte, fleißig und perfekt ihr Zimmer zu putzen. Doch nun war es ihr gelungen, diesen verinnerlichten Ameisenfleiß zu zertreten.

Krokodile sind – wie schon andernorts erwähnt – Ausdruck für Aggressionen, die entweder zerstörerisch oder heilsam sein können. Das kleine glückliche grüne Krokodil zeigt, dass es ihr gelungen war, sich auf die Hinterbeine zu stellen, den Putzdrang zu besiegen und die Welt vor Freude zu umarmen.

Kindheitsnöte im Partner durch das eigene Verhalten auflösen zu helfen, ist – so denke ich – ein wichtiger Bestandteil einer Ehe. Häufig kommen solche Nöte ganz unbewusst ins Spiel und werden dann als Lieblosigkeit oder Unfairness verkannt. Mir werden gelegentlich Träume mit Szenen aus der Kindheit erzählt, die helfen, schwierige Konflikte mit den Partnern gemeinsam zu betrachten. Sobald wir uns in Traumbildern suchen müssen, sind die Partner zu einer neuen Offenheit bereit, denn die Bilder müssen ja enträtselt werden. Wenn beide die gegenseitige Suche begleiten, spüren sie plötzlich die Not des Partners. Ohne anzuklagen, können sie dann dem anderen zuhören. Gemeinsam entwickelt sich daraus eine neue Kommunikation und ein tieferes Verständnis füreinander.

Ein Mann, der während seines Klinikaufenthaltes mit einem absurd anmutenden Traum konfrontiert wurde, hatte das Glück, dass seine Frau ihn mit viel Liebe unterstützte, dem Traum nachzugehen und ihn zu verstehen.

Draußen ist eine dunkle, silbrige Landschaft. Ich bin im Haus und sehe nach draußen. Da sitzt an einem Gartentisch eine dunkle Gestalt.

Die Gestalt fragt mich, wem gegenüber ich mich schuldig fühle. Ich fange an, den ersten Namen zu nennen, den Namen einer Freundin, die ich im Stich gelassen habe, als ich meine Frau heiratete.

Ich bekomme von der Schattengestalt eine Strafe auferlegt: Ich muss ein Hochhaus, das aus lauter Tennisbällen besteht, in der Weise abbauen, dass ich immer einen Tennisball herausnehme und ihn dann wieder zurücklege. Meine Aufgabe ist es, sämtliche Tennisbälle in die Hand zu nehmen und wieder zurückzulegen. Ich fange mit dieser Arbeit an – es ist eine langwierige Arbeit.

Dann fragt mich diese Gestalt nach einer zweiten Schuld. Ich nenne eine Schwester, die mich versorgt hatte, als ich sehr krank war. Nun erscheint ein neues Hochhaus – wieder aus lauter Tennisbällen, und wieder bekomme ich die gleiche Aufgabe. Aber ehe ich überhaupt richtig angefangen habe, vervielfältigen sich die Häuser in unendlicher Folge. Sie reichen bis an den Horizont. Sie hören überhaupt nicht auf, und ich spüre, dass ich mit diesen Schuldgefühlen nie fertig werden kann.

Dieser Traum beschreibt die schier unendliche Geschichte einer Angst, anderen etwas schuldig geblieben zu sein. Diese Schuldangst entstand in der Kindheit. Sie hinderte ihn daran, sich eigene Wünsche zu erfüllen. Wir erleben im Traum, welche Macht der Schatten des Träumers – die dunkle Gestalt – über ihn hatte. Im Wechselspiel mit anderen Menschen – dafür steht das Tennisspiel – gerät er immer wieder in die Angst, nicht dankbar genug gewesen zu sein. Doch der Schatten führt die Selbstanschuldigungen ad absurdum, indem er sie ins Grenzenlose anwachsen lässt. So setzt der Traum ihn unter Druck: Schau dir dein Leben an – du lebst Schuldangst um Schuldangst und kannst das Leben deshalb nie genießen.

Die Ehefrau fühlte sich sehr liebevoll in die Not ihres Mannes ein und träumte nun selbst in der nächsten Nacht:

Ich stehe auf einer hohen Leiter, die an einen Apfelbaum gelehnt ist, der in dem Garten der Eltern meines Mannes steht. Ich musste auf diese hohe Leiter klettern. Ich bin völlig schwindelfrei und soll die guten Äpfel von den faulen trennen. Dabei muss ich unendlich viele faule Äpfel herunterwerfen, um die guten ernten zu können.

Der Apfelbaum steht im Garten seiner Eltern, weil dort die Schuldangst entstanden war. Es ist der Baum seiner Kindheit. Die faulen Äpfel sind die in ihm sich immer wieder aufbauenden Schuldgefühle. Die Frau soll sie nicht mehr akzeptieren, sondern wegwerfen. Dazu muss sie nach oben auf die Leiter steigen, das heißt, bewusst hinschauen, wann immer ihn der Schatten seiner Schuldängste beherrschen will. Dann kann sie die guten Früchte ihres Mannes ernten und gemeinsam mit ihm genießen.

Während der eine Mensch vom Traum gebeten wird, seinem Partner zu helfen, muss ein anderer erkennen, dass er sich viel zu sehr in der Partnerschaft anpasst. Ein Traum wies eine Frau kurz und bündig darauf hin:

Ich mache einen Spaziergang mit Ekkehard. Als ich zurückkam, sah ich in seinem Vogelkäfig, in dem sonst miteinander zwei Papageien leben, statt dessen einen Embryo sitzen.
Doch plötzlich verwandelte sich der Embryo in eine Frau mit langen Haaren und flog weg.

Die Träumerin hatte begonnen, nicht mehr Papagei ihres Partners sein zu wollen. Nun soll sie diesen noch embryonalen Zustand in eine leichte, emotional lebendige Entschiedenheit verwandeln und sich trauen, den Käfig ihrer Angepasstheit endgültig zu verlassen.

In Träumen, die sich ausdrücklich einem Part-
nerschaftsproblem zuwenden, kann es sein, dass
der im Traum auftretende Partner selbst gemeint
und nicht als Anteil des Träumenden zu verstehen
ist. Beziehungsmuster sind zuweilen von schweren
Ängsten beider Partner geprägt. Eine künstlerisch
begabte, zu Lebenslust und Humor neigende Frau
verleugnete aus Angst, verlassen zu werden, ihre
persönlichen Wünsche, sobald ihr Mann diese nicht
akzeptierte. Und das geschah sehr oft, weil sich in
dem Mann die zwanghafte Lebensangst festgesetzt
hatte, in materielle Not zu geraten, wenn er nicht
jeden Cent eisern festhalten würde. Die wechselvol-
len Befreiungsversuche schildern einige Traumszenen der Ehefrau so:

*Ich schlafe und erwache zusammengerollt wie ein Embryo
oder eine Schnecke und will mich dehnen. Es geht nicht, denn
ein Turm ist dicht an mich herangebaut. Ganz mühsam
krabbele ich hoch.*
*Harald reicht mir über die Mauer seine Hand, tröstet mich,
streichelt mich. Doch als ich stehe, lässt er mich los und
mauert weiter. Ich versuche, die Steine wegzureißen, aber
er mauert schneller, obwohl er mir zugleich zärtlich zure-
det und blühende Unkräuter, Küchenkräuter und manchmal Rosen herüberwirft oder durch Löcher in der Wand*

zuschiebt. Doch sie werden gleich zu Trockenblumen oder Heu.

Wenn es mir gelang, unten an der Mauer Steine herauszustoßen, pressten wir unser beider Gesichter in das Loch. Dann wurde uns warm und leicht, obwohl wir nichts sagten.

Aber dann wurde das Loch entweder von außen oder durch vertrocknete Blumen, die ich durchstecken wollte, wieder zugestopft.

Meine Kleider über der Brust wurden blutig. Das tat sehr weh, und ich versuchte, meine Hand darauf zu pressen.

Was bedeuten diese Szenen? Vorsichtig löst sich die Träumerin aus ihrem Schneckenhaus und beginnt sich mühsam aufzurichten. Obwohl ihr Mann in den Turm seiner Ängste geflohen ist und gegen die Kommunikation mit ihr mauert, gibt sie nicht auf. Da lässt sich der Mann durch die Hilflosigkeit seiner Frau anrühren, tröstet und streichelt sie. Aber in dem Augenblick, als sie wieder stehen kann, mauert er weiter. Nun spielt sich eine herzergreifende Szene nach der anderen ab, um die gegenseitigen Vorbehalte zu überwinden. Die neuen Erkenntnisse daraus bringen Unkraut, Gewürzkräuter und Rosen der Liebe hervor. Weil aber beider Gefühle durch die Ängste immer wieder versiegen, bekommen die Pflanzen, die ihnen Würze und Liebe ins Leben bringen sollen, kein Wasser und müssen noch vertrocknen. Die blutigen Kleider über der Brust offenbaren, wie verletzbar die Träumerin noch ist.

Zu solch schwierigen Auflösungsprozessen träumte ich selbst einmal:

Das ist der schmerzliche Prozess der Wiederholungen, der zur Selbstbefreiung führt. Der Weg besteht aus den Steinen der Vergangenheit, die es aufzulösen gilt. Lebensimpulse aber können untergehen, wenn wir uns nicht von ihnen ermahnen lassen.

Eines Tages schrieb mir die Frau in einem Brief: »Es kostet viel Kraft, mir und meinem Vorsatz treu zu bleiben, wahrhaftig zu leben und nicht um Liebe und Zuneigung zu betteln, zu kriechen und mich selbst zu verleugnen. Aber immer wieder sah ich, dass mir das nach anfänglichen Protesten und Angriffen Respekt, Zuneigung und Liebe einbrachte. Und alle meine übrigen Beziehungen sind damit auch unverkrampft und offen geworden.«

So wie die Erde um die Sonne kreist, so kreisen wir ständig um den Wunsch, Licht und Wärme in uns zu erzeugen, und dabei dürfen wir uns gegenseitig unterstützen, statt Krieg gegeneinander zu führen. Den

Weg dazu kann jeder Mensch nur in sich selbst finden, denn (ich zitiere aus einem Traum):

Die Selbstheilungskräfte des Menschen beruhen auf dem Gesetz der Harmonie. Harmonie kann der Mensch nur in sich selbst erzeugen. Er bekommt sie nicht von außen. Er muss die Ängste auflösen lernen. Angst ist das Thema der Welt.

KREATIVITÄT.
DER TRAUM ALS WEGWEISER
ZU UNSERER VERBORGENEN
SCHÖPFERISCHEN KRAFT

Die meisten Menschen haben ein eher passives Verhältnis zu ihren Träumen. Sie wundern sich über ihre nächtlichen Erlebnisse, als wären es gar nicht ihre eigenen. Dabei ist doch jedes Bild, jede Szene, jedes Wort in uns entstanden und zeugt von einem tiefen Wissen um uns. Und dieses Wissen ist von einer geistigen Klarheit und von einer erstaunlichen Liebe zu unserem Werden geprägt. Bei unseren Träumen handelt es sich nicht um irgendwelche Neuronentänze im Kopf. Träume sind das Kreativste, was ein Mensch hervorbringen kann. Jeder kann sich das im Selbstversuch vergegenwärtigen. Dazu muss man nur ausprobieren, einfach alles, was man denkt und fühlend erwägt, in bildhaften Gleichnissen auszudrücken. Für jedes Gefühl, für jeden Gedanken ein Symbol zu finden und diese Symbole dann zu logischen Handlungen und Geschichten zu verknüpfen. Die Menschen wären von dieser kreativen Leistung überfordert. Jedenfalls solange sie wach sind. Aber im Schlaf gelingt es ihnen jede Nacht, ihr Innenleben in grandiosen Episoden zu spiegeln. Träume zeugen von einer ungeheuren schöpferischen Kraft, die in uns wirksam ist. Und wir können lernen, daran in unserem täglichen Leben teilzuhaben.

Viele Künstler nutzen die Traumwelt für ihr kreatives Schaffen. Die bedrückende Welt von Franz Kafka beispielsweise ist voller Traumbilder. Wenn sein Romanheld Gregor Samsa (in »Die Verwandlung«) als Käfer erwacht, spiegelt das die Hilflosigkeit wider, die ein Mann empfindet, der sich den Ängsten und Schutzbedürfnissen seiner Kindheit ausgesetzt sieht. Wenn der Vater Gregors später seinen Sohn mit Äpfeln bewirft, entspricht auch dies einem möglichen Traumbild: Hier leidet jemand so sehr an Erwartungshaltungen, die ihm von seinem Vater aufgezwungen wurden, dass er die Früchte seiner Arbeit gegen sich wendet. Einen bildhafteren Ausdruck hätte das reale Dilemma des Franz Kafka nicht finden können.

Auch die Werke, die René Magritte gemalt hat, könnten geträumt sein. Eines meiner liebsten Bilder von ihm ist »Die kollektive Erfindung« von 1935. Es zeigt einen Fisch, der an den Strand gespült wurde. Im Hintergrund ist noch das aufgewühlte Meer zu sehen. Der Fisch ist offenbar lebendig, mehr noch: Sein Hinterteil verwandelt sich in den Unterleib einer Frau. Wo einmal Flossen waren, sind nun Beine. Ein treffenderes Bild für die Menschwerdung könnte man nicht finden. Fische bewegen sich im Wasser wie Bedürfnisse in unseren Gefühlen. Und so wie der Fisch als erstes Wirbeltier in der Evolution die Entwicklung bis hin zum Menschen auslöst, gewinnt der Mensch aus seinen Bedürfnissen die Vorstellungen, wie er sein Leben gestalten könnte. Eine Frau erzählte mir, sie habe sich im Traum wie auf dem Bild von Magritte erlebt. Sie ist eine Malerin, die ihre Zeit viel zu viel für die Belange anderer opferte. Ihr Bedürfnis zu malen verdrängte sie dadurch immer wieder aus ihrem Bewusstsein. Der Traum aber mahnte sie mit diesem Bild, ihr Bedürfnis, den Fisch, wieder an Land zu bringen und ihre künstlerische Kraft weiter zu entfalten.

Zweifellos haben für Magritte Traumwelten eine besondere Rolle gespielt. Was ist Wirklichkeit und was ist Traum? Oder ist die Wirklichkeit auch nur ein Traum? Im Bewusstsein dieses Künstlers hatten Träume offenbar eine Schlüsselbedeutung. Sie waren ihm so wichtig wie die Gedanken am Tage. Die starke Verbindung zu seinem Inneren ermöglichte es Magritte, so tiefe Aussagen zum Leben zu machen.

Es besteht bei manchen Künstlern eine Verwandtschaft zwischen den inneren Bildern, die ein Maler auf die Leinwand setzt, und den Träumen. Die inneren Bilder sowie die Träume kommen aus dem Unbewussten, sie zeigen seelische Zusammenhänge auf. Doch nicht nur ein Künstler kann mit seinem Inneren in einen Dialog treten. Dieses Zwiegespräch führt im Grunde jeder Mensch mit sich. Dieser Dialog aus Bildern ist jedoch verschlüsselt. Und er bleibt auch verschlüsselt, wenn man sich nicht um ihn bemüht.

Kreativität umfasst natürlich nicht nur den künstlerischen Bereich, der Begriff der Kreativität ist sehr viel weiter zu fassen, als wir das gemeinhin tun. Beispielsweise braucht eine Mutter viel Kreativität, um ein Kind zu erziehen. Kreativität unterstützt Liebende dabei, ihre Beziehung zu gestalten. Und Kreativität hilft uns, einen Beruf zu einer Berufung zu machen.

Aufbrechende kreative Kräfte werden in Träumen in drei Stufen sichtbar: Fische zeigen, dass ein Bedürfnis in unseren Gefühlen wahrgenommen werden soll. Blumen öffnen sich, sobald das Bedürfnis zu einem konkreten Wunsch erblüht ist. Und wenn wir uns dann den Wunsch erfüllt haben, werden vielleicht Früchte von den Bäumen geschüttelt, erstrahlt ein Regenbogen oder wir wohnen in einem neuen Haus. Träume zeigen uns aber vor allem die Unfreiheit und die Zweifel, die unsere kreativen Kräfte noch blockieren und sie gefährden, sodass sie wieder abtauchen.

Dazu träumte eine Studentin:

Ich stehe im Elternhaus und schaue durch das Fenster nach draußen auf unseren Gartenteich. Da taucht ein dunkelroter Drache auf und schaut mich an. Er verschwindet wieder, und ich sehe einen großen silbernen Fisch, der aus dem Teich kommt, Brot frisst und dann wieder verschwindet.

Die Träumerin hat eine ausgesprochen dichterische Begabung, doch auf diesem Schatz sitzt der dunkelrote Drache – ihr zu hoher Leistungsanspruch aus der Kindheit –, den sie auf ihr Studium überträgt. So muss der silberne Fisch – ihr Bedürfnis, Freiraum zum Dichten zu bekommen – sich mit einer kleinen Kostprobe ihrer Dichtkunst zufriedengeben und wieder verschwinden.

Kreativität brauchen wir auch, um unseren Alltag zu bewältigen. Wenn unser Partner kreativ im Umgang mit uns ist, fühlen wir uns geliebt, weil er die Beziehung, die wir leben, immer wieder neu miterschafft. Wenn man sich für den anderen nichts mehr einfallen lässt, sich keine Gedanken um den anderen macht, erstirbt die Liebe.

Wir brauchen Kreativität, um glücklich zu sein, sie ist unser geistiges Lebenselixier. Viele Menschen, die einen sehr eintönigen Job machen, haben nebenher ein Hobby – und wenn es der eigene Garten ist, dessen Gestaltung ihnen Freude macht.

Wie sehr der Traum die Notwendigkeit zur Kreativität betont, zeigt der folgende Traum einer 80-jährigen Frau, die lange Zeit in Japan die japanische Tuschmalerei erlernt hatte. Sie malte sehr eindrucksvolle Bilder, wurde aber immer wieder von der Befürchtung abgelenkt, sie würde nicht genug für ihre Familie sorgen, wenn sie sich ins Malen vertieft. Da vernahm sie im Traum den Satz:

»Der Sklave, der weniger denkt, hat es besser.«. Dann sehe ich einen großen Tisch, an dem viele Menschen sitzen. Am Kopfende eine alte Frau. Dann heißt es: »Die alte Frau hat vergessen, die Fische zu füttern, und ist sehr traurig darüber.«

Sie war zuvor schon häufiger gemahnt worden. Jetzt reagierte der Traum schließlich mit beißender Ironie. Die Träumerin ist hier nicht nur der Sklave, sondern zugleich auch die alte traurige Frau, denn sie hatte vergessen, ihre eigenen emotionalen Bedürfnisse zu füttern. Ihr Trick bestand darin, nicht nachzudenken, sondern sich glauben zu machen, dass die Familie wichtiger sei. So wurde sie traurig, denn ihre künstlerische Arbeit war für sie das Lebenselixier.

Die Kreativität ist überhaupt das, was uns als Menschen ausmacht. Sie ist das zentrale Motiv des Lebens – und deshalb drehen sich unsere Träume in der einen oder anderen Weise immer auch um dieses Thema: Um unseren Wunsch, unser Leben zu gestalten.

Wie schon erwähnt, ein Traummotiv, das verdrängte Kreativität thematisiert, ist der Wal. Das Besondere am Wal ist, dass er ursprünglich ein Huftier war, das vom Land ins Meer zurückgekehrt ist. Er weist auf verdrängte emotionale Kräfte hin, die wir für unsere Kreativität aber brauchen, auf Potenziale, die in unser Bewusstsein zurückkehren und Land gewinnen wollen.

Ich erlebte einmal eine geradezu surrealistische Traumszene mit einem Wal:

Ein Wal öffnet sein Maul. Da fährt durch das Innere seines Körpers ein Zug mit hell erleuchteten Fenstern.

Absurdes Theater? Natürlich nicht! Züge stehen für Ziele, die man sich setzt. Für eine bestimmte Richtung, in die wir gerade einlenken. Ein hell erleuchteter Zug besagt in diesem Zusammenhang: Du bist genau auf dem richtigen Weg, deine Ziele zu erreichen. Und worum ging es mir? Ich wollte endlich meine Traumarbeit auch nach außen vertreten. Ich war dabei, die alte Angst – »ich werde doch nicht gehört« – zu überwinden.

Wenn man solche Bilder erinnert, sieht man auch eine biblische Szene in neuem Licht, und zwar die Geschichte von Jonas. Jonas wird von einem Wal verschluckt, und erst, als er bereit ist, die ihm von Gott auferlegte Aufgabe zu erfüllen, wird er zurück an Land gespuckt. Vielleicht handelt es sich hierbei auch um ein Traumbild: Ein Mann hadert mit sich selbst und seiner Bestimmung, bis er seinen Weg findet und aus der Ungewissheit seiner Gefühle – des Wassers – zurück an Land gespuckt wird. Die Geschichte von Jonas zeigt, dass man in biblischen Zeiten viel von der Gleichniskraft der Träume verstanden hat.

Bedürfnisse, davon war schon früher die Rede, melden sich in unseren Gefühlen, um von uns wahrgenommen zu werden. Wünsche aber, die zu Blumen erblühen, sind schon im Werden.

Lange hatte ich meinen Wunsch, mich mit den ägyptischen Mythen zu beschäftigen, hintangestellt. Ich hatte ihn sozusagen in die Wüste geschickt. Nun aber war diese Durststrecke überwunden. Zu diesem Wunsch träumte ich eines Nachts eine seltsame Frage:

»Was ist eine Kaktusseele? Sich zu verschwenden, wenn der Durst aufgehört hat.«

Was wollte mir diese Frage bewusst machen? Ich hatte die Trockenheit der Wüste überwunden – ich folgte jetzt dem Fluss meiner Gefühle und verschwenderisch öffnete sich mir Blüte um Blüte auf der Suche nach den Bildbedeutungen dieser alten Kultur.

Schließlich, als ich beim Schreiben meines ersten Buches immer tiefer fühlte, dass eine zu abstrakte Sprache die Herzen der Menschen nicht erreicht, und ich dabei war, mir Leichtigkeit und Freude am sinnlichen Schreiben zu suchen, erntete ich ein Lob im Traum:

Jemand zeigte mir Blüten an einem Jasminstrauch, die wie bei Lippenblütlern zu Lippen geöffnet waren. Die Staubfäden hingen weit herunter.

Ist das nicht ein köstliches Bild dafür, dass ich mit meinem Wunsch auf dem richtigen Weg war? Alles Verständnis für die faszinierenden Bilder in unseren

Köpfen ist freilich vergebens, wenn wir die Botschaften nicht umsetzen.

Wer seinem natürlichen Trieb zur Kreativität nicht folgt und sich dem Bedürfnis nach Sicherheit hingibt, beraubt sich selbst der Möglichkeit, wirkliches Glück zu erleben. Das wird in unseren Träumen auch recht unverblümt dargestellt.

Und wie geht es uns, wenn unsere aufblühenden Wünsche nicht befruchtet werden? Eine Frau, die immer wieder die Weiterentwicklung ihrer Doktorarbeit hinausschob, träumte:

Ich bin im Inneren eines Busses und sehe das Gesicht meines Sohnes, der auch mitfahren wollte, außen an der Bustür, die gerade geschlossen wurde.

Ich bin wütend auf die Busfahrerin, empfinde es als Ungeheuerlichkeit, dass sie so auf ihre Abfahrtszeit pocht und einfach die Türen schließt.

Mein Vater gab mir Bienenstöcke mit auf die Reise, die ich in dem Bus deponiere. Anschließend wende ich mich den Leuten im Bus zu, rede mit ihnen darüber, wie man sich über die Busfahrerin beschweren könnte. Die Zeit vergeht, und ich habe mich inzwischen etwas beruhigt, da spüre ich einen Stich unter meiner Kleidung.

Ich ahne zwar irgendwie, dass er mit den Bienenstöcken zu tun haben könnte, wähne mich aber sicher, da ich sie bisher als Bündel erlebt habe, das kompakt und in sich geschlossen war. Bald schon bemerke ich aber, dass sich die Bienen durch die Wärme im Fahrzeug aus ihrer Starre lösten und mich immer häufiger anfliegen und auch stechen, bis ich völlig umschwirrt fliehen muss und aufwache.

Ich fragte die Träumerin nach dem Wesen ihres Sohnes, den die Busfahrerin nicht mehr mitfahren ließ. Spontan antwortete sie, ihr Sohn mache das, wozu er gerade Lust habe. »Und wie steuern Sie sich durchs Leben?«, fragte ich weiter. »Ich bin wohl eher die Busfahrerin, die der Lebenslust immer wieder die Tür verschließt. Ich bin von zu vielen Pflichten eingekreist und komme noch nicht einmal dazu, mein Studium zu vollenden.« Auf meine nächste Frage nach den Bienen, die der Vater ihr mitgegeben hatte, berichtete sie, dass der Vater seine Freizeit gerne bei seinen Bienenstöcken verbrachte. Die Bienen waren seine ganze Lust und Freude. Wenn Bienen aber zum Paket verschnürt sind, können sie nicht fliegen und schon gar nicht auf Nektarsuche gehen. Natürlich werden eingeschnürte Bienen aggressiv. Diese Aggression richtet die Träumerin gegen sich selbst, weil sie aus ihrer Unzufriedenheit nicht herausfindet. Der Traum zeigt ihr, dass sie sich nicht von ihren Pflichten einschnüren lassen, sondern losfliegen und Nektar einsammeln soll.

Wir sehen, es macht durchaus Sinn, dass sich der Traum auf die Bilder der Natur bezieht, die Natur hat ihre eigenen, unumstößlichen Gesetze. Und sie lebt diese Gesetze. Wer sie versteht, hat auch einen Schlüssel zu seinen Träumen gefunden.

Die folgende Träumerin musste sich mit dem Wesen von Eseln auseinandersetzen. Diese Frau hatte schon während ihrer Schulzeit eine schriftstellerische Begabung gezeigt und sogar bei einem Wettbewerb den ersten Preis erhalten, sie wertete aber ihre Chance, ein Buch zu schreiben, als gering. Der Wunsch danach drängte sich ihr jedoch immer wieder auf. Da träumte sie:

Ich gehe an einem Gewässer, einem See oder Fluss, entlang, das trotz des heiteren Wetters stürmisch bewegt ist. Plötzlich und völlig unerwartet stehe ich vor einem sizilianischen blumengeschmückten Festtagskarren, der von einem Esel gezogen wird. Ich gehe weiter, aber der Esel folgt mir auf dem Fuß – mitsamt dem Karren. Ich fühle mich hilflos und weiß nicht, was ich von dem ganzen Vorgang halten soll. Als ich stehen bleibe, wendet sich der Esel dem Karren zu und beginnt den Blumenschmuck aufzufressen.

Ja, manchmal kommt ein Esel und frisst die ganze, von uns so heiß geliebte Pflanze.

Der Gefühlsfluss der Träumerin wurde durch ihre ständigen Zweifel an ihrer Begabung aufgewühlt. Sie sucht immer wieder nach Beweisen für ihr Talent. Der mit bunten Blumen geschmückte sizilianische Festtagskarren weist auf die Wünsche hin, die in ihrer, dem mediterranen Leben vergleichbaren, lebendigen Fantasie begründet sind. Durch die störrische Haltung gegenüber ihrer Begabung droht sie ihre Wünsche zu vernichten und die Last des Verzichtes auf sich zu nehmen.

Wenn neue Kreativität ins Spiel kommen soll, schickt uns der Traum gerne auf die Suche nach Gold – so auch im Traum einer Seminarteilnehmerin, den sie nach dem ersten Ausbildungsjahr in Traumarbeit in unserer Akademie träumte. Der Traum bringt zum Ausdruck, wes Geistes Kind diese Ausbildung ist:

Wir – die Ausbildungsgruppe – haben den Auftrag, am Lauterbach nach Gold zu suchen. Alle sitzen gebeugt am Ufer des Flüsschens. Jemand versucht, mit einem silbernen Teesieb das Gold herauszufischen.
Ortrud steht auf einem weißen Holzbalkon und sagt zu uns: »Wer suchen will, muss heiter sein.« Plötzlich werden wir fündig, doch es ist kein Gold, das wir finden, sondern jede Menge Haselnüsse. Wir beschließen, die Nüsse zu mahlen und einen nahrhaften Nussbrei daraus zu kochen. Und

Ortrud sagt dazu: »*Hier wurden schon immer Nüsse gemahlen. Es ist ja eine Nussmahl-Mühle.*«

So lernte die ganze Gruppe schon gleich zu Anfang gemeinsam, dass der Weg zum Gold innerhalb der Traumarbeit von Nüssen übersät ist, die immer wieder neu geknackt werden müssen. Silber und Gold sind die beiden höchsten Währungen auch in Träumen. Silber ist das Symbol für den Läuterungsprozess zu mehr Freiheit und Gold das Symbol für die schöpferische Kraft.

Die Bilder der Welt sind so ungeheuer vielgestaltig. Und Träume nutzen sie oft in solch kurioser Weise, dass wir das Nüsseknacken lieben lernen müssen. Haselnüsse zu knacken ist aber auch nicht zu schwer – nicht wahr? Und Spaß macht es auch. So gesehen verlangt die Traumarbeit die Lust an kreativen Prozessen. Wer diese Lust nicht in sich selbst entwickelt, bleibt stets auf die Hilfe von anderen angewiesen, um seine Träume zu verstehen.

Wer seinen Bedürfnissen nicht folgt, begegnet ihnen im Traum. Unsere Träume erinnern uns, dass jeder Mensch sein eigenes Kapital ins Leben einbringen soll. Doch der Traum zeigt auch, wenn unsere Bedürfnisse destruktiv werden. Solche Bedürfnisse stammen meistens aus schmerzlichen Erfahrungen in der Kindheit und werden vom Erwachsenen so lange in seine Umwelt hinein geargwöhnt, bis er hellhörig wird und seine Vorstellung als Übertragung aus der Kindheit entlarvt. Eine Frau hatte dazu folgenden Traum:

Ich höre Pferdegewieher, sodass ich wach werde.
Ich sehe den Rosengarten meines Nachbarn. Im Garten stehen Elefantenfiguren aus Holz. Dann werden die Elefanten lebendig, und plötzlich ist der ganze Garten voller Elefanten. Sie haben aber in dem Garten zu wenig Platz und reiben sich aneinander. Sie sind eingesperrt.
Dann brate ich meiner Mutter Fisch. Eine Unmenge von Rotbarschfilets, ich brate viel zu viele. Und niemand, auch die Mutter nicht, scheint Hunger zu haben.
Ich frage mich: Da draußen sind die Elefanten, und ich brate hier Fisch – was soll das Ganze? Plötzlich sehe ich zwischen den Fischfilets drei Filetstücke vom Rind.

Das Pferdegewieher rüttelt die Träumerin aus dem Schlaf auf, weil sie ihre schon wiedergefundene Vitalität der Gefühle erneut aufs Spiel gesetzt hatte.

Die Elefanten mahnen sie, den bereits eingeschlagenen Befreiungsweg weiterzugehen, denn Elefanten stehen im Traum für den Selbsterlösungsweg des Menschen durch den Dschungel des Lebens. Was ist das Wesentliche eines Elefanten? Elefanten haben ein unglaubliches Gedächtnis und finden im Dschungel immer wieder die alten Wege, die sie einmal gegangen sind. Sie sind voller Ausdauer, immer auf der Suche nach Wasser und leben im Familienverbund, der sich gegenseitig hilft. Indische Mythen wissen von dieser Kraft der Elefanten viele Geschichten zu erzählen.

Die Träumerin war hier schon fähig, die Selbsterlösungskraft der Elefanten zu einem Kunstwerk zu schnitzen, weil sie genügend Erkenntnisprozesse für ihre Befreiung durchgestanden hatte. Das zeigen die Elefantenstelen aus Holz. Sie stehen in einem Rosengarten, weil sie die Liebe zu sich selbst gesucht und wiedergefunden hatte. Rosen blühen im Traum immer dann auf, wenn es um die Liebe zum Leben geht. Doch ihre Elefantenkraft musste noch einmal sehr aktiv werden, als sie in einer unerwarteten Situation wieder rückfällig wurde. Deshalb muss sie die Spur zur Selbsterlösung wieder aufnehmen. Wodurch aber hatte sie das Selbstvertrauen noch einmal eingebüßt?

Die Antwort liegt in den Fischen, welche die Träumerin zuhauf zubereitet. Sie hatte ein übermäßiges Bedürfnis nach Anerkennung. Weil sie als Kind verunsichert worden war, wartete sie nun sehnsüchtig darauf, geachtet zu werden. Vor allem von der Mutter, von der sie stets abgewertet wurde. Darum forderte sie ständig Anerkennung bei anderen ein. Einen positiven Hinweis gibt das Rindfleisch. Das Rind ist, wie schon erwähnt, ein Wiederkäuer. Es sagt: Siehst du, das hast du schon wiedergekäut, verzichte doch darauf, immer wieder Anerkennung zu brauchen. Und die Zahl Drei betont, dass sie das schon wusste.

Um solche Rückfälle zu verhindern, braucht es eine kraftvolle Entschiedenheit – so wie der nachfolgende Traum sie schildert. Es handelt sich hier um das Traumerlebnis einer Frau, die ihre künstlerischen Fähigkeiten ebenfalls immer wieder infrage stellen musste. Als sie dieser Versuchung endlich den Kampf ansagte, träumte sie:

Ich liege im Bett und stille mein Baby. Neben mir liegt ein weißes Nilpferd. Ich dränge es zur Seite, aus Angst, es zerdrückt mein Baby. Schließlich wird es so bedrohlich, dass ich das Tier packe und die Toilette hinunterspüle.

Das Nilpferd ist ein uraltes Symbol der ägyptischen Mythenwelt. Es wurde zum Gleichnis chaotischer Kräfte in uns selbst, denn zum Wesen der Nilpferde gehört es, unter Wasser aggressive Kämpfe auszutragen, bei denen sie sich schwere Verletzungen zufügen.

Nachts gehen sie auf Nahrungssuche aufs Land und verwüsten dabei die Felder.

Die Träumerin war immer in Gefahr, sich selbst abzuwerten und damit ihre künstlerische Entwicklung zu verletzen. Die Gefahr war ihr bewusst – deshalb ist das Nilpferd schon weiß. Ihr neues Selbstvertrauen – das Baby – will aber wachsen, und darum spült sie den Rest der alten Angst mit aller Entschiedenheit aus ihrem Leben fort.

Kehren wir noch einmal zur Suche nach Gold zurück.

Die Frage, was wir mit unserem Leben anfangen sollen, stellt sich jedem von uns. Aber in manchen Fällen taucht sie mit besonderer Dringlichkeit auf. Eine Frau bekam völlig unerwartet Krebs. Sie hatte große Angst. Sie war Modedesignerin, hatte Kinder. Im Krankenhaus träumte sie:

Ich lebe in einem kleinen Haus, da sehe ich ein großes, höher gelegenes Haus, in das ich unbedingt einziehen will. Das größere Haus ist nur über eine Strickleiter zu erreichen. Ich fange an, die Strickleiter zu erklimmen, bekomme aber große Angst, als ich erkenne, dass die Leiter über einen dunklen Abgrund führt. Außerdem schwankt die Strickleiter hin und her. Ich will umkehren, aber ich kann nicht mehr zurück. Ich nehme alle Kraft zusammen und erreiche schließlich mit

letzter Kraft das neue Haus. Dort wartet mein kleiner
Sohn auf mich, ich nehme ihn an der Hand und gehe mit
ihm durch alle Räume des Hauses. Die Wände sind mit
pompejanischem Rot und Gold verziert. Ich fühle mich
unendlich glücklich und erlöst.

Ist das nicht schön, dass uns unsere eigenen Träume Mut und Hoffnung machen können? Aus dem
Wunsch nach dem größeren Haus spricht der Wille,
das Leben mit mehr Liebe zu gestalten. Der Strick
zeigt: Hier muss noch etwas geknüpft werden.

Als die Patientin wieder zu Hause war und den
Krebs überstanden hatte, fing sie an, Bücher über
Mode zu schreiben. Heute ist sie voll in die Verlags-
welt integriert. Sie ist also wirklich in das reiche Haus
ihres neuen Lebens eingezogen und hat es gestaltet.

Dies ist ein schönes Beispiel dafür, dass in Träumen oft schon eine Idee angedeutet wird, wie wir die
Probleme, die uns bedrücken, lösen können.

Ich hatte einmal eine Patientin, bei der schwere
seelische Verletzungen dazu geführt hatten, dass sie
sehr um ihr Selbstwertgefühl bangen musste. Sie
träumte:

Ich stehe am Rande einer Insel, die von einem großen See
umgeben ist. Die Insel ist klein, und in ihrer Mitte steht

ein weithin sichtbares, verfallenes Schloss. Ich gehe auf das Schloss zu und sehe, dass in seiner Nähe Schafe weiden. Es dämmert, Einsamkeit umgibt die Insel, die Schafe rücken zusammen und suchen untereinander Schutz vor der Nacht. Da entdecke ich, dass aus dem verfallenen Schloss schemenhaft Menschen hervorkommen und langsam an mir vorbeiziehen. Ich erkenne, dass es Könige sind. Sie alle tragen eine Krone und halten einen Reichsapfel. Das Gold blitzt kurz auf, bevor sie verschwinden. Als der letzte König an mir vorbeizieht, stelle ich fest, dass die Schafe verschwunden sind.

In der Träumerin ist die Kraft, in sich selbst zu wohnen und sich geborgen zu fühlen, zerbrochen. Dafür steht das verfallene Schloss. Eine tief empfundene Beschämung hat sie in die Einsamkeit getrieben. Um sich wieder geborgen zu fühlen, sehnt sie sich danach, diese Einsamkeit zu überwinden, und hofft, sie in der Herdenwärme allgemeiner Kontakte mit Menschen zu finden. Das ist die Schafherde. Doch die Träumerin ist kein Herdentier; oberflächliche Kontakte erlösen sie nicht aus der Einsamkeit. Die aus dem verfallenen Schloss kommenden Könige weisen sie auf die Souveränität hin, über die sie früher schon verfügte, und fordern sie auf, kreativ zu werden, um diese Kraft wiederzuerlangen. Tröstlicheres hätte die-

ser Frau auch kein noch so guter Freund sagen können. Hätte überhaupt jemand so schöne Bilder finden
können wie der Traum?

Und weil der Weg zum Gold unsere Kreativität
lockt, möchte ich in diesem Zusammenhang noch
einen letzten Traum, in dem Gold eine wichtige Rolle spielt, hinzufügen. Sie erinnern sich an den Traum
mit dem Bild von Magritte, auf dem ein Fisch mit den
Beinen einer Frau an Land gespült wird? Die Träumerin opferte seinerzeit immer wieder ihre Zeit der
Kommunikation mit anderen Menschen. Dazu gehör-
ten auch umfangreiche Briefwechsel. Und so kam sie
in ihrer künstlerischen Entwicklung nicht mehr richtig voran. Der Traum hatte einen lustvollen Einfall,
dieses Geschehen aufzudecken.

*Es klingelt. Ich gehe die Treppe herunter und öffne die Türe.
Ein Mann in einem schwarzen Gewand schüttet einen Sack
voller Briefe vor meine Füße. Er sagt: »365 Stück und einer
in Gold.« Den Goldbrief zieht er aus seiner Brusttasche
und drückt ihn mir in die Hand. Ich bin sehr verwundert,
staune und strahle.*

Ein goldener Brief unter 365 anderen? Was fällt uns
zur Zahl 365 ein? Ist das nicht die Anzahl der Tage
eines ganzen Jahres? Der Traum brachte ihr so auf

humorvolle Weise bei, dass sie keinen Tag im Jahr für ihren goldenen Brief übrig hatte – also keine Zeit, um sich ihrer schöpferischen Kraft zu widmen.

Seit ich mich mit der Traumforschung beschäftige, wird selbstverständlich auch mein eigenes Schaffen von Träumen begleitet. Ob ich mit meinen Studien weiterkomme oder nicht, ob ich mir zu viel abverlange oder ungenau vorgehe – alles wird in meinen Träumen kommentiert. In gewissem Sinne sind also Träume nicht nur der Gegenstand meiner wissenschaftlichen Arbeiten – sie verfassen sie auch mit. Wichtig war für mich dazu dieser Traum aus dem Jahre 1993:

Ein Mann kommt eine Straße entlang, und er hat ein Äffchen auf dem Arm. Ich wende mich ihm freundlich zu.

Männer stehen im Traum für die Tat, taucht ein Mann auf, so geht es darum, etwas zu verwirklichen (siehe S. 48). Die Frau hingegen steht für die Erkenntniskraft. Es ging also in meinem Traum um mein Handeln. Was aber hat der Affe zu bedeuten? Affen sind die direkten Vorfahren des Menschen, ein Affe erscheint im Traum immer dann, wenn es um die Schwelle auf dem Weg zu neuen Bewusstwerdungen geht. Ich stand also an solch einer Schwelle. Ich war damals dabei, mein erstes Buch zu schreiben, und las intensiv in dem Buch »Der Baum der Erkenntnis. Die biologischen Wurzeln menschlichen Erkennens« von Humberto Maturana und Francisco Varela. Ich war tief beeindruckt von der Entsprechung zwischen Natur und Mensch. Die beiden Neurobiologen erklären, dass die Evolution ein Prozess von Erkennen und Tun sei. Am Vortag hatte ich mich intensiv damit beschäftigt, und so forderte mich im Traum das zutrauliche Äffchen auf, die Evolution als Prinzip von Erkennen und Tun in meine Arbeit aufzunehmen.

Natürlich sind nicht alle Träume, die mein Tun begleiten, derart tiefgreifend, manche sind eher wie ein freundlicher Scherz. In einer Phase, in der ich mit einem Kapitel, das ich für mein Buch verfasst hatte, sehr unzufrieden war, träumte ich:

Ich bin in meinem Zimmer. Ich höre einen Mann mit lauten Schritten über den Flur an meiner Zimmertür vorbeistapfen. Ich bin mir sicher, es ist ein Chinese.

Tatsächlich ging mir der Chinese in dieser Zeit nach. Denn beim Durchlesen meiner Texte sagte ich öfters laut vor mich hin: Du hast schon wieder Chinesisch gesprochen – das versteht niemand. Diese Angst greift der Traum auf. Danach überarbeitete ich meine Texte. Das Beispiel zeigt aber auch, welch treffenden Humor Träume haben können. Sie bringen mich oft zum Schmunzeln.

Als ich einmal über die Gleichnisbedeutung der Erde schrieb, gefiel mir im Anschluss daran die ganze Gestaltung des Textes nicht mehr. Da rückte mir ein Traum buchstäblich auf die Fersen:

Eine Seerobbe folgte mir auf den Fersen, als ich mit anderen im Wasser bin. Ich wehre sie ab, will sie nicht heranlassen, sie will mit mir spielen, versucht es immer und immer wieder.

Was bedeutet eine Seerobbe im Traum? Die Robbe ist wie der Wal ein ins Wasser zurückgekehrtes Säugetier. Sie lebt zu Wasser und zu Lande, das heißt für das Verständnis des Traumes: zwischen dem Meer der unbewussten Gefühle und der Suche nach der eigenen schöpferischen Kraft – der Erde.

Genau auf dieser Kippe befand ich mich, ich wusste noch nicht genau, was ich ändern sollte. Instinktiv habe ich die Robbe erst einmal abgewehrt. Ich war noch nicht so weit, dass ich den ganzen Text noch einmal umarbeiten wollte. Der Traum aber sagte: Gehe deinen Impulsen nach. Wenn du unzufrieden bist, gehe nicht darüber hinweg.

Es gab auch Träume, die mich lobten. Zum Beispiel, als ich an einem Kapitel über Krabben für mein Lehrbuch arbeitete,

sah ich eine Tür mit einem Rosenfenster. Es reichte über die ganze Türfläche. Es war aus hellem Glas, und ich sagte zu einer Frau: »Hysterie ist etwas Wunderbares, wenn sie gebändigt ist.«

Das Rosenfenster zeigt, dass mein Wunsch, leichter und farbiger zu schreiben, mir eine neue Türe öffnete. Ich gewann Vertrauen zu der hysterischen Kraft, lustvoller der Vielfalt von Leben nachzugehen. Hysterie hatte ich immer mit viel Misstrauen bei Menschen beobachtet, weil sie oft ausufert. Deswegen war ich glücklich, dass ich das Lob bekam, sie gebändigt zu haben.

Ein späterer Traum zeigte mir dann, dass mir die Bändigung nicht immer gelang. Die Art und Weise, wie ich die Erkenntnisse aus meiner Forschungsarbeit in den ersten Seminaren an die Teilnehmer weitergab, war zu konzentriert und viel zu üppig ausgefallen. Ich träumte dazu:

Viel Getreide wurde aus einem Stuhlsitz in einem dicken Strom nach unten gelassen. Der Stuhl wirkte wie ein

Trichter. Menschen sahen dabei schmunzelnd zu. »So ist es aber nicht richtig«, hörte ich. »Du brichst ihnen nur das Genick. Serviert wird Kartoffelsalat mit Eiern – noch in der Schale.«

Welch merkwürdige Einschränkung! Ich zeigte im Seminar offenbar zu viel von dem, was ich mir an Zusammenhängen erarbeitet hatte. Ich ließ meine Ernte im dicken Strom heraus. Wollte ich den anderen etwas eintrichtern? Sie hörten zwar alle gerne zu, konnten aber die Zusammenhänge so schnell nicht aufnehmen. Ich gab ihnen dadurch nicht die Chance, ihr eigenes Denken in Bewegung zu bringen. Deswegen drohte ich, ihnen »das Genick zu brechen«. Und ich begriff, es kann nur darum gehen, den Teilnehmern eine würzige Grundkost mundgerecht anzubieten – so wie Kartoffelsalat. Den Weg zu neuen befreienden Lebensimpulsen aber sollen sie sich selbst zugänglich machen – und die Eier dazu selbst aufbrechen. Und wieder konnte ich darüber lachen, wie humorvoll mir mein Fehlverhalten serviert wurde.

Mein Leben wurde zunehmend durch solch heitere Träume beschenkt. Einer meiner Freunde – von Beruf Kameramann – wurde durch einen lustigen Traum provoziert. Nachdem er auf der Jagd nach schönsten Einstellungen für einen Film gewesen war, fing er plötzlich an, an sich zu zweifeln – und das nach vielen Jahren erfüllter Arbeit. Er träumte:

Ich habe wundervolle, knackige, grüne, rote und gelbe Paprikaschoten mit ihren Stielen in lockere Erde gepflanzt.

Ich hoffe, der Leser schmunzelt schon. Denn hätte es irgendeinen Sinn, die würzigen, knackigen reifen Früchte seiner Arbeit nochmals in die Erde zu pflanzen? Die Früchte waren doch ausgereift. Seine Arbeit hatte er in schöpferischer Weise in schöner Farbigkeit gestaltet. Ich denke, liebevoller konnte der Traum ihm nicht seine quälenden Zweifel nehmen.

Wenn uns eine neue Gestaltung gelungen ist, kann sich das im Traum so darstellen:

Lange Zeit sehe ich einen Sturzbach vor mir. Danach erblicke ich zwei hohe, eng aneinanderstehende Felswände. Und zwischen diesen Felswänden sehe ich in der Tiefe, auf schmalem Grund, Meerwasser strömen. Doch dann erweitert sich diese schmale Furt zu einem Hang, auf dem Fachwerkhäuser stehen. Vor diesen Häusern liegt ein See, auf dem ein breiter Nachen ruht.

Ich träumte diesen Traum, nachdem ich mich mit den strengen Pflichtgefühlen meiner Kindheit auseinandergesetzt und sie aufgelöst hatte. Er ist ein besonders anschauliches Beispiel für einen gelungenen Entwicklungsprozess, wie wir ihn alle durchmachen.

Felswände symbolisieren ungelebte Anteile unseres Wesens, die wir aus Angst in der Kindheit versteinern ließen. Das erste Bild zeigt, dass meine Gefühle (der Sturzbach) lange Zeit ruhelos zu Tal stürzen. Sie zwängen sich durch enge Felswände, gebildet aus meinem Pflichtgefühl, das mich ständig unter Zeitdruck setzte und Bedürfnisse in mir versteinern ließ. Als ich diesen ständigen Zeitdruck durchschaut hatte, konnte ich endlich kreativ werden und ein kleines Haus nach dem anderen bauen. Der Architekt meiner Häuser war meine Liebe zur Gleichnissprache der Träume und der ägyptischen Mythen. Die Zeit, die ich mir für diese Studien trotz meiner betrieblichen Aufgaben zugestanden hatte, öffnete die Furt weit zu einem Hang, und so konnten sich meine Interessen zu »Fachwerkhäusern« entwickeln. Der anfängliche Sturzbach meiner Gefühle mündete in einem beschaulichen See, zu Gefühlen, die mich trugen.

Ein Traumsatz fasste dieses Geschehen noch einmal zusammen:

Der Weg besteht aus den Steinen der Vergangenheit, die es aufzulösen gilt.

Aber oft braucht es eben seine Zeit, bis wir die Anregungen solcher Träume in die Lebensrealität umsetzen können. Die nachfolgenden Traumsätze mahnten mich, die Gestaltung immer im Blick zu behalten:

Etwas erkennen und sich verwandeln ist zweierlei.
Es geht immer darum, wie sich unser Geist seine Wohnung einrichtet.

SPIRITUALITÄT.
SPRICHT GOTT IM TRAUM ZU UNS?

Ich bin mir sicher, dass fast in jedem ungläubigen Menschen ein Platz übrig geblieben ist für Zweifel, ob es nicht doch eine höhere Ordnung gibt als das menschliche Gehirn. Für mich sind die Träume eine Sprache Gottes und seiner Schöpfung. Denn die ganze Schöpfung, die wir überblicken können, dient in unseren Träumen als Gleichnis für unsere geistige Entwicklung. Ich denke, dass Träume das ideale Instrument sind, um zwischen unserer Welt und einer spirituellen Wirklichkeit einen Austausch zu schaffen. Sie geben uns die Sicherheit, dass wir in eine allumfassende Ordnung eingebunden sind. Zu den zwiespältigen Auseinandersetzungen mit diesem Thema träumte ich einmal:

Ich bin in einem Raum und ich sehe dort plötzlich einen Schwarm Mücken aufsteigen.
Dann nehme ich einen Strauß weißer Pfingstrosen wahr, die

*etwas rötlich gefärbt sind, und höre den Satz: Zwei Zeitgeister
stoßen aufeinander.*

Das war damals, als ich anfing, mein erstes Buch zu
schreiben. Ich war mit der Gefahr konfrontiert, zu
»blutleer« zu schreiben – dafür steht der Mückenschwarm. Mücken saugen bekanntlich Blut bei uns
Menschen. Ich hatte Angst, dem im rein materiellen
Denken verhafteten Zeitgeist vielleicht nicht zu genügen und schrieb um der Sachlichkeit willen zu blutleer.
Die weißen Pfingstrosen mit der leicht rötlichen Färbung aber sagten mir: Pfingsten ist ein hochspirituel-
les Fest, und du weißt, was Spiritualität ist. Verleugne
deine Liebe dazu nicht und schreibe so, wie dir ums
Herz ist. Die leicht rötliche Färbung zeigt meinen noch
zögerlichen Aufbruch dahin. Und weiter heißt es im
Traum: Die zwei Zeitgeister – der rein materielle und
der spirituelle Denkansatz zum Leben – müssen auf-
einanderstoßen, damit ein Austausch stattfindet. Nur
so können beide zu einer einzigen Wahrheit verschmelzen. Ich denke, mein Verständnis von Träumen
auf der Basis der empirischen Naturordnung als Gleichnis für unsere geistige Ordnung ist ein Weg dahin.
Für mich ist der ganze Kosmos Ausdruck einer
göttlichen Schöpfungskraft, die sich im Materiellen
der Natur offenbart. Durch sie werden die Menschen

zur eigenen schöpferischen Arbeit gerufen. Und da der göttliche Geist nicht »irgendwo« ist, sondern in allem, ist er auch in uns wirksam, wie eine Kraft, die sich mir widmet, sich an mich wendet und mich berät, die sich auf die tiefe Ordnung der natürlichen Welt bezieht und sie zu ihrer Sprache macht. Träume können das nicht beweisen, aber sie können Menschen gewinnen, darüber nachzudenken. Ich selbst habe viel darüber nachgedacht.

Ein Gedanke lässt mich dabei nicht mehr los: Wenn es mein eigenes Bewusstsein wäre, das im Traum zu mir spricht, welchen Sinn hätte es dann, zu träumen? Warum spreche ich selbst in einer Bildsprache zu mir, um mir Dinge verschlüsselt zu vergegenwärtigen? Warum erbringt unser Gehirn erst diese enorme geistige Leistung, die Botschaften aufwendig in Bildern zu verschlüsseln, wenn wir es doch ohnehin wissen? Ich war in meinem Leben immer sehr auf Logik angewiesen. Und ein solcher Umstand wäre für mich unlogisch.

Man kann vielerlei Bezeichnungen für unser Traum-Bewusstsein finden. Manche sagen dazu Traum-Ich. Ich nenne es »das göttliche Du«.

Zu der Verbindung zwischen den Bildern der Welt und dem schöpferischen Geist des Universums träumte ich einmal folgende Worte:

Es gibt keine Welt des Stofflichen, die nicht ihre Entspre-
chung auf der spirituellen Ebene findet. Sie ist die eigentliche
Ebene. Ich kann die Welt nur erreichen, wenn ich die stoff-
liche Ebene auf einer feinstofflichen Ebene deuten lerne.

Mit diesem Anspruch lese ich Träume. Wenn wir uns
ihrer Spiritualität zuwenden, interessieren uns natürlich auch solche, die in religiösen Schriften überliefert
werden. So können wir dem alttestamentarischen
Traum »Die Himmelsleiter des Jakob« ebenfalls im
Gleichnisdenken nachgehen.

Jakob, der seinen Kopf zum Schlaf auf einen Stein gebet-
tet hat, sieht im Traum eine Leiter, die bis zum Himmel
reicht. Darauf stiegen die Engel auf und nieder.

Der Stein, auf dem Jakob ruht, ist ein Symbol für eine
Versteinerung in ihm selbst, eine Versteinerung von
Leben, das in ihm schläft. Die Leiter reicht von der
Erde in den spirituellen Raum. Dazwischen gibt es
eine ständige Bewegung, denn auf der Leiter, von der
er träumt, steigen die Engel auf und nieder. Eine Leiter ist im Traum stets ein Weg zu höheren Stufen der
Bewusstwerdung. Stufe für Stufe müssen wir uns unsere Erkenntnisse erwerben. Die Engel sind für mich
ein Bild dafür, wie Gott uns zu dieser Bewusstwer-

dung führt. Immer dann, wenn meine emotionalen und geistigen Kräfte Leichtigkeit gewinnen, habe ich die Schwere aus Ängsten, Zweifeln, Aggressionen und anderen belastenden Gefühlen überwunden. Ich kann mich immer fragen: Fühle ich mich leicht wie ein Vogel, der von der Luft – d. h. von meinen Gedanken – getragen wird, oder drücken Zweifel und Schwere mich nieder? Die Jakobsleiter versinnbildlicht daher für mich den Weg in die Bewusstwerdung von Leben, sie öffnete Jakob den Weg in seine neuen Aufgaben.

Auch Moses, der in der Wüste einen brennenden Busch sieht, der nicht von den Flammen verzehrt wird, könnte ein Traumbild vor sich gehabt haben. Er hat die Aufforderung bekommen, sein Herz in Liebe entflammen zu lassen, um für seine große neue Aufgabe gewappnet zu sein und sein Volk aus der Versklavung herauszuführen. Flammen symbolisieren die Transformation in eine geistige Energie. Deshalb denke ich, der brennende Dornbusch, der nicht verbrennt, ist ein Symbol für die Kraft, sich die Energie für die notwendigen Wandlungen im Leben bewusst zu erhalten.

Auch die göttlichen Eingebungen sind mit dem Traum eng verwandt. Eine Eingebung ist nichts anderes als ein Wachtraum: Als Moses auf dem Berg verweilte, um zu Gott zu sprechen und mit den zehn

Geboten zurückzukehren, befand er sich dabei wahrscheinlich in einer Trance, die dem Träumen ähnlich ist. Ich gehe davon aus, alle mystischen Texte wie die der alten Ägypter, die der indischen Bhagawadgita, der Upanishaden und aller anderen Religionen sind auf diese Weise entstanden – in einem meditativen Zustand, in einer Art Wachtrance oder einem inneren Dialog.

Was verstehe ich unter dem Dialog mit dem göttlichen Du? Es gibt eine Brücke zwischen der spirituellen Welt und unserer materiellen Welt. Diese Brücken sind unsere Gefühle, die auf unsere Gedanken und Handlungen antworten, das heißt befriedigende und unbefriedigende Stimmungen geben die entsprechenden Impulse. Unser Gehirn ist so strukturiert, dass es die Impulse dazu ständig empfangen und senden kann. Ein meditatives Lauschen nach innen vertieft den Dialog, und so bin ich nie allein, wenn ich nach meiner Wahrheit von Leben in mir suche. Ich fühle mich dann immer angenommen. Diese Kunst des inneren Gesprächs ist nichts, was nur Heiligen vorbehalten wäre. Jeder Mensch kann sie selbst üben.

Die beste Möglichkeit dazu haben wir, wenn wir nachts nicht schlafen können. Denn nicht nur Träume haben eine Bedeutung, auch Schlaflosigkeit hat einen tiefen Sinn. Wer nicht schlafen kann, muss sich noch mit sich selbst beschäftigen. Es kommt dann darauf an, in sich hineinzuhorchen, einer inneren Frage nachzuspüren und neue Antworten zu finden.

In meiner Traumarbeit begegnen mir oft christliche Symbole. Ein Patient, der sich in eine Melancholie geflüchtet hatte, träumte:

Ich sehe meinen eigenen Hund, gekreuzigt in einer Weide. Er ist tot.

Eine schauerliche Szene, gewiss. Aber auch in diesem Bild steckt eine liebevolle Aufforderung: Die Weide ist ein Baum, der nahe am Wasser steht. Und Melancholie ist ein Gefühlsfluss, der von Sehnsucht erfüllt ist. Solcher Sehnsucht aber müssen Taten folgen, damit aus ihr neues Leben entstehen kann. Melancholie ist etwas, das inaktiv macht. Und dieser Traum hat den Träumer gewarnt: Du kreuzigst deine Liebe zu dir selbst, denn das Wesen des Hundes ist die Liebe, Treue und Wachsamkeit für seinen Herren. All das gleicht der Liebe, die wir uns selbst schenken sollen. Und der Tod des Hundes zeigt, dass er die Liebe zu sich selbst sterben ließ.

In der christlichen Vorstellung folgt auf die Kreuzigung die Wiederauferstehung. Folglich fordert der Traum den Träumenden auf, die Liebe für sich selbst wiederauferstehen zu lassen und die Kraft zu suchen, die ihn mit neuem Leben erfüllt. Das Kreuz selbst ist ein Symbol mit hoher psychologischer Aussagekraft: Die Senkrechte des Kreuzes spiegelt den Weg vom Triebbedürfnis des Menschen hinauf zum Bewusstsein – das ist der Weg der Erkenntnis. Der Querbalken mit den ausgestreckten Armen symbolisiert das Handeln. Erkennen und Tun aber ist der Weg des Menschen, um das Leben zu entdecken. Wenn der Mensch diesen Weg nicht geht, sagt ein Traum,

»wartet er kreuzschwer auf das, was kommt.«

Der zuvor schon erwähnte Kameramann war jahrelang Begleiter von Hardy Krüger. Nach seiner Pensionierung, als er sich noch völlig im Unklaren darüber war, wie sein Leben weitergehen sollte, träumte er:

Ich hatte den Auftrag, für meinen alten Freund Hardy Krüger das Testament zu schreiben. Er hatte es irgendwann einmal zu mir gesagt. Ich antwortete: Ja, ich werde es auf ungewöhnliche Art tun. Auf dünne Holztafeln, die kunstvoll geschnitzt sind. Es waren zwölf Holztafeln mit biblischen Symbolen. Die Hälfte dieser Platten blieb jeweils frei. Da wollte ich das Testament draufschreiben.

Zwölf biblische Symbole – daneben sollte der Träumer das Testament schreiben. Das meinte, dass er jeweils zu den zwölf Symbolen auf den holzgeschnitzten Tafeln seine Erfahrungen aus dieser lebensvollen Zeit verinnerlichen und weiterentfalten sollte. Die Zusammenarbeit mit Hardy Krüger war für den Träumer eine so lebendige und spannende Zeit, dass der Traum ihn aufforderte, auch im Ruhestand so aktiv zu bleiben wie in der Zeit, als er noch um die Welt reiste. Die Zahl Zwölf bestätigt das, denn die zwölf symbolisiert die Schwelle zu neuer Kreativität. Sie besagt, dass er die Kraft entwickeln sollte, Leben auch weiterhin so farbig zu verinnerlichen, zu reflektieren und zu gestalten.

Dies sind Beispiele dafür, dass spirituelle Symbole sich ganz konkret auf eine Lebenssituation beziehen können, in der sich der Träumer gerade befindet, und nicht etwa einen religiösen Auftrag in der Öffentlichkeit einfordern.

Eine Seminarteilnehmerin träumte einmal zu der Aufgabe der Menschheit, sich die Universalität von Leben bewusst zu machen:

Die Wahrheit ist wie ein Spiegel vom Himmel gefallen und in 1000 Splitter gebrochen. Und die Menschen glauben, die ganze Wahrheit zu besitzen.

Auf unsere Träumerin bezogen besagt dieser Traum, dass sie sich der Wahrheit von Leben in immer neuer Weise annähern kann, weil es immer Neues zu entdecken gibt.

Spirituelle Bilder entfalten sich manchmal auch bei Menschen, die sich mit dem eigenen Sterben auseinandersetzen, so wie im Traum einer jungen Frau, die an einem sehr schnell fortschreitenden Krebsleiden litt. Ihr Zustand verschlechterte sich zusehends, sodass ihr Sterben nur noch eine Frage der Zeit war. Die letzten Monate vor ihrem Tod beschäftigte sie ein merkwürdiges Traumgeschehen:

Alle wundern sich, warum die Engel Hasen sind. Sie sitzen um ein Podest herum, auf dem Lebkuchenfiguren aufgebaut sind.

Ich frage, ob es da oben kalt ist, da die Hasen Fell und lange Ohren haben und keine luftigen Kleider wie sonst die Engel.

Pa erklärt, dass sie Hasen geformt haben, weil sie für mich extra Dinkel genommen haben, da ich das andere nicht essen darf, und aus diesem Teig ließen sich nur Hasen formen.

Wie schon gesagt, die Flügel der Engel fühlen wir immer dann, wenn wir zur Harmonie gefunden haben, weil unsere Gefühle von unseren Gedanken getragen werden – so wie die Luft die Engel trägt. Aber in diesem Traum sind die Engel Hasen. Ein provozierendes Bild! Denn in der Verbindung von Engel und Hasen verbirgt sich eine Ambivalenz. Ein Hase ist einerseits ein Lebewesen von außerordentlicher Fruchtbarkeit mit zwei Gebärhöhlen, auf der anderen Seite aber ist er auch ein Angsthase, der sich in die Furchen duckt oder hakenschlagend das Weite sucht. Diesem Widerspruch in sich selbst sollte die Träumerin nachspüren.

Aber was hat der Lebkuchen hier zu bedeuten? Der entscheidende Hinweis steckt schon im Namen dieses Gebäcks: Leb-Kuchen. Er steht für Lebendigkeit. Das heißt, aus dem Widerspruch von Angst und Freiheit soll sich die Träumerin Leben backen. In diesem Sinne müssen wir auch den Dinkel sehen, aus dem die Hasen geformt sind. Dinkelkörner sind schwer aus ihrer Schale zu lösen. Das bedeutet, dass der Träumerin die Leichtigkeit fehlt, schon gewonnene Erkenntnisse auch in ihr Leben einzubringen.

Zu unserem Weg, Erkenntnisse zu gewinnen, möchte ich eine alte Legende erzählen, die ich besonders liebe.

Ein junger Mann hatte einen Traum

Hinter einer Ladentheke sah er einen Engel. Hastig fragte er ihn: »Was verkaufen Sie, mein Herr?« Der Engel gab ihm freundlich zur Antwort: »Alles, was Sie wollen.«
Der junge Mann sagte: »Dann hätte ich gerne: Eine Frau, die mich immer versteht und auf die ich mich verlassen kann. Eine glückliche Ehe, die bis zu unserem Lebensende glücklich bleibt.
Gute Freunde, die uns auf dem Lebensweg begleiten.
Kinder, die sich gut entwickeln und an denen wir unsere Freude haben.
Und …«
Da fiel ihm der Engel ins Wort und sagte: »Entschuldigen Sie, junger Mann, Sie haben mich falsch verstanden, wir verkaufen keine Früchte hier, sondern nur den Samen.«

Die Rituale in Religionen zelebrieren die Bildersprache unserer Welt. Doch ist das Wissen um ihre eigentliche Bedeutung offenbar in weiten Kreisen verloren gegangen. Die rituelle Waschung in der Taufe zum Beispiel kann keine Sünden hinwegnehmen, sie symbolisiert vielmehr den Weg dahin. Wir sprachen schon davon, dass in Träumen der klärende Kreislauf des Wassers dem klärenden Kreislauf unserer Gefühle entspricht. Die Taufe ist daher für mich ein Ritual,

Gefühle in uns als Wegweiser zu verstehen. Ich füge mir selbst Leid zu, wenn ich in undurchsichtigen negativen Gefühlen hängen bleibe. Das Glück liegt in dem Mut und in der Liebe, die eigene Wahrheit nicht zu verraten, das heißt für klares Wasser im Lebensfluss zu sorgen. Büßen muss ich immer dann, wenn ich Leben in mir selbst oder in anderen verletze. Zu der Bedeutung kirchlicher Rituale träumte eine Frau:

Es ist nichts heilig an sich.
Alles wird heilig durch den sinnvollen Gebrauch.

Wenn wir unseren Kindern beistehen wollen, die Taufbotschaft zu leben, dürfen wir sie nicht zum ängstlichen Gehorsam erziehen, sondern sollten sie auf dem Weg zur Erkenntnis, was Freude bringt und was Freude zerstört, begleiten.

In diesem Sinn können wir auch die Taube als Symbol des Heiligen Geistes nachempfinden. Was verstehen wir unter dem Heiligen Geist? Ich denke, wir alle sind Kinder Gottes und brauchen den Orientierungssinn der Taube, um immer wieder nach Hause, das heißt zu uns selbst, zurückzufinden. Tauben sind ausgezeichnete Flieger, aus reiner Freude den Luftströmungen hingegeben, und jedes Jahr wachsen ihnen dazu neue Federn.

Die Taube verfügt über die Eigenschaften, die uns den Weg in ein befreites Leben bahnen. Sie hat einen ungewöhnlich hohen Orientierungssinn, sodass wir sie zur Brieftaube abgerichtet haben. Sie orientiert sich am Magnetismus der Erde, der von Süden nach Norden weist. Im Gleichnis der Träume ist das der Weg von neu aufbrechenden Gefühlen (Süden) hin zur Bewusstwerdung neuer Erkenntnisse für unser Leben (Norden).

Tauben gibt es in den schönsten Farben wie samtschwarz, rosenrot, pfirsichblüten, kupferfarbig, silberperl- und porzellanfarbig, mandelfarbig, lichtblau, dunkelblau, hyazinthenfarbig oder eulengrau – in ihrer Vielfalt spiegeln sie die Farbigkeit von Leben.

Taubenpaare tauschen viel Zärtlichkeit miteinander aus. So friedlich sie miteinander leben, so heftig aber wehren sie sich, wenn andere ihnen ihr Revier streitig machen wollen. Sobald ihr Lebensraum respektiert wird, leben sie wieder in Frieden miteinander. Dann fliegen und feldern sie gemeinsam, um Nahrung zu finden, und keine Taube beherrscht dabei die andere.

Ich träumte einmal von einer Friedenstaube:

Ich war auf einem größeren Gelände mit anderen Menschen zusammen, da kamen in dichter Formation und niedriger

Höhe viele Flugzeuge und wurden offenbar von Flugschülern gesteuert. Dann flog ein Auto mit riesigen Flügeln herbei und landete auf dem Platz. Es wirkte fast wie ein Drachen, hatte zerschlissene Segeltuchflügel in schwarz-brauner Farbe. Ich wachte auf mit dem Gedanken: Suche nach der Friedenstaube.

Was war dem Traum vorausgegangen? Ich hatte seit einigen Tagen immer dann Magenschmerzen, wenn ich durch zu dichte Zielstrebigkeit beim Arbeiten in Zeitdruck geriet. Doch sobald ich mich dabei ertappte und mein Verhalten änderte, gingen die Magenschmerzen augenblicklich weg.

Der Traum zeigte mir, dass ich wieder zum Flugschüler geworden war, um meine Leichtigkeit im Leben zurückzugewinnen. Dazu machte ich in diesen Tagen eine Übung nach der anderen. Ich spürte, ich musste mich von dem Arbeitsdruck befreien, da ich durch ihn unsensibel wurde und mich nicht wohlfühlte.

Den Drachen meiner Kindheit, die übertriebene Pflichtauffassung, hatte ich schon besiegt geglaubt, aber ich war rückfällig geworden, wie die zerschlissenen Segeltuchflügel zeigen.

Da bekam ich durch meinen Traum ausdrücklich den Auftrag, die Friedenstaube in mir zu suchen, das heißt die Harmonie zwischen Fühlen und Denken wiederherzustellen. Ein Vogel ist ein emotionales Wesen, das von der Luft – unserem geistigen Symbol – getragen wird.

Zu einer Friedenstaube gehört ein weißes Federkleid. In der Farbe Weiß verbinden sich alle Farben: das Fühlen durch das Rot des Blutes, das Denken durch das Blau des Himmels, und beide gehen gemeinsam auf der Suche nach Licht und Wärme durch das Gelb der Sonne. Harmonie erreichen wir, wenn wir uns aus widersprüchlichen Gefühlen befreien. Diesen Prozess spiegelt die Photosynthese im Grün der Pflanzen wider. Denn der Sonnenstrahl dringt in die Pflanze ein und trennt die zwei unter Spannung stehenden Wasserstoffatome im Wassermolekül H_2O (siehe Wasser S. 51). Im Gleichnisdenken kommen wir zu folgender Schlussfolgerung: Sobald wir widersprüchliche Gefühle in uns aufgelöst haben und sich dadurch Licht und Wärme in uns ausbreiten, gewinnen wir neue Energien, die wir für unser Wachstum brauchen. Das symbolisiert die Farbe Grün.

Die Farben des Regenbogens spiegeln ebenfalls diesen Zusammenhang einer harmonischen Verbindung zwischen Fühlen und Denken, die zum Frieden führt. Wenn es im Alten Testament heißt, dass nach der Sintflut der Regenbogen als Zeichen des Bundes zwischen Gott und dem Menschen erschien, dann beschreiben seine Farben, wie wir die Unwetter unseres Lebens, die sich aus alten verborgenen Ängsten zusammenbrauten, bewältigen lernen können. Wir werden ständig auf die Suche nach echter Harmonie geschickt – Scheinharmonien bringen keine Lösung. Jetzt verstehen wir auch, warum Noah ausgerechnet eine Taube aussandte, um zu erfahren, ob die Erde wieder bewohnbar sei.

Als ich in einem Seminar zu viel Nacharbeit leistete, anstatt die Teilnehmer zu motivieren, diese Arbeit selbst zu tun,

schickte mir eine Frau im Traum den Erzengel Michael zum Feuerlöschen.

Welches zerstörerische Feuer sollte er löschen? Michael ist der Erzengel, der den Drachen aus Kindheitsängsten auf Erden niederstößt, und mein Drache war natürlich wieder einmal der Zeitdruck gewesen.

Warum lehrt die Kirche nicht die schöne Botschaft ihrer Gleichnisbilder? Ich wünschte mir, dass jede Religion ihren besonderen Weg zur Spiritualität in Eintracht mit den Bildern der anderen Religionen versteht. Denn sie alle nutzen die Bilder der Welt, um den Weg zu Gott zu zeigen. Die Sprache der anderen

Religionen sollten wir als Bereicherung der eigenen Lehre betrachten, denn sie beschreiben alle den Weg zu der Aufgabe, leben zu lernen. Auch dazu gibt es Traumbotschaften, eine berührte mich besonders tief. Es ist der Traum einer Frau, die ihr Lebenswerk, das sie der Hilfe für Menschen gewidmet hatte, verloren gehen sah. Trauer und aggressive Gefühle gegenüber den dafür Verantwortlichen überfielen sie. Da träumte sie:

Ich schaue auf die große Christusstatue, die über Rio de Janeiro schaut, und sehe, dass genau gegenüber dieser Statue – ebenfalls auf einem Berg – sich eine Buddha-Statue in den Himmel erhebt. Zwischen den beiden – die sich liebevoll anlächeln – ist ein großes Fischernetz aufgespannt, in dem ich alle meine verstorbenen Freunde entdecke. Sie fühlen sich wohl wie in einer Hängematte.

Plötzlich nimmt Christus sein Herz aus der Brust, das wie ein großer roter Ball aussieht. Er wirft es Buddha zu. Dieser wirft es in eine riesige Menschenmenge, die sich unter der Statue versammelt hat. Plötzlich kommt ein zweiter Ball dazu, und nach kurzer Zeit ist über dem Platz unter den Menschen ein Meer von bunten Bällen wie Luftballons zu sehen.

Es ist ein großes Spiel: Die Menschen nehmen ihre Herzen aus der Brust und werfen sie wie bunte Bälle in die Luft, und

jeder fängt gleichzeitig den Ball eines anderen – ein ihm bis-
her unbekanntes Herz. Wer sein Herz verschenkt hat,
bekommt mit Sicherheit eines wieder – nur welches, ist
unklar. Ich spiele mit, und es ist ein großes Freudenfest.
Jetzt stehen sich in einem Viereck Christus, Buddha, Gan-
dhi und Mohammed gegenüber. Alle in langen weißen
Gewändern – Gandhi, nur mit einem Tuch umhüllt, hat
einen Wanderstab in der Hand.
Das Gesicht von Mohammed ist halb verdeckt, und er sagt
in die Stille hinein: Ich habe mein Gesicht verloren.
Christus und Buddha zeigen mit liebevollem Blick auf
Gandhi und machen mir durch ihren Blick deutlich, dass
es auf ihn ankommt. Er ist im Moment der Wichtigste.
Dann höre ich den Satz: »Don't stay! GO! GO! GO! Suche
und bringe das Salz.«

Wie können wir diesen kostbaren Traum verstehen?

Wir sehen, alle verstorbenen Freunde der Träumerin fühlen sich in dem Fischernetz wohl, das Christus und Buddha gemeinsam in Händen halten –
Christus, der die Auferstehung aus dem Tod zu neuem Leben verkörpert, und Buddha, der dazu die
Überwindung allen Leidens lehrte, indem er die Ent-
stehung des Leidens und den Weg zur Aufhebung des
Leidens schildert. Beide Lehren sind uns durch die
Geschehnisse in Träumen schon vertraut geworden.

Der Traum schildert nun voll sinnlicher Freude, welche Liebe durch diese Verbindung zwischen allen Menschen erwacht.

Warum aber hat Mohammed im Traum sein Gesicht zur Hälfte verborgen? Die Träumerin hatte sich in aggressiven Gefühlen verfangen, anstatt nach weiteren kreativen Möglichkeiten zu suchen. Darum kommt Gandhi hinzu, der zu seiner Zeit auf friedlichem Wege die Lösung fand. Er befreite Indien von der Fremdherrschaft nicht durch Aggressionen, sondern durch friedliche Aktionen wie zum Beispiel den Salzmarsch.

Der Salzmarsch von 1930 war eine Initiative Mahatma Gandhis, die das Salzmonopol der Briten brechen sollte und letztlich zur Unabhängigkeit Indiens von Großbritannien führte.

Die Träumerin soll nun ebenfalls das Salz suchen gehen. Was aber verlangt diese Forderung von ihr? Salz ist ein Konzentrat aus den Meeren, die in Träumen auf noch unbewusste Gefühle hinweisen. Daraus lässt sich folgern: Um uns auf die Suche nach neuen Zielen begeben zu können, müssen wir stets auf neu aufkommende Gefühle aus dem Unbewussten in uns sorgfältig achten, denn sie bringen das Salz und helfen uns, neue Möglichkeiten für unser Leben zu entdecken.

Es wird immer wieder geschehen, dass wir zu Recht aggressive Gefühle gegen den anderen hegen. Doch dann geht es nicht darum, den anderen mit Steinen zu bewerfen, sehr viel mehr leistet eine Liebe, die den anderen zu neuen Einsichten lenkt. Dazu möchte ich Ihnen einen Traum erzählen, den ein Herzpatient träumte:

Ich sah den Ort, in dem ich als Jugendlicher aufgewachsen bin. Dort sollte der Bahnanschluss abgebaut werden, da zu wenige mit der Bahn fuhren.
Ein Krankenversicherungs-Vertreter hat im Ort ein hohes altes Haus gekauft und renoviert es. Das Obergeschoss ist schon ausgebaut.

Ich fragte den Träumer nach seiner Jugendzeit. Er erzählte, dass die Jugend dieses Ortes mit dem Motto lebte: »Viel Feind, viel Ehr!« Sie rauften oft miteinander, um immer neu das Gefühl ihrer Stärke zu erfahren.

Ich fragte weiter, ob es für den Träumer zurzeit eine Situation gebe, in der er dieses Gefühl der Stärke praktiziere.

Er erzählte mir, dass er gerade auf einen Mann sehr zornig sei, von dem er sich getäuscht fühle. Er schreibe ihm geharnischte Briefe und greife ihn heftig an. Ich sagte: »Ihr Traum sagt aber, es sei beschlossen worden, das Bahngleis zu dem Ort Ihrer Jugend abzubauen.« Der Träumer gab zu, dass er schon eine Zeit lang das Gefühl habe, dass ihn solche aggressiven Auseinandersetzungen in Wortgefechten nur belasteten und nicht weiterbrächten. Ich wies ihn darauf hin, dass er sich im Traum schon nach einer neuen Wohnung umgesehen habe (das tat im Traum der Krankenversicherungs-Vertreter), ein Zeichen, dass er um seine Gesundheit besorgt sei. Das schildere auch das obere Stockwerk, das schon renoviert sei. Er habe sich offenbar bewusst gemacht, dass er eine neue Wohnweise für sein Leben brauche. Der Träumer antwortete: »Ja, trotzdem gerate ich immer wieder in solche Gefechte, ganz automatisch.« Ich riet ihm: »Dann geht es jetzt wohl darum, das Parterre des alten Hauses zu renovieren und im Alltag zu üben, eine neue Haltung zu gewinnen.«

Da berichtete er mir von einem weiteren Traum:

Ich sehe zwei Bauteile eines Tempels oder einer Kirche, die kreuzförmig miteinander verbunden sind. Das Längsschiff ist offenbar hinduistisch, das Querschiff christlich. Meine Lebensgefährtin und ich befinden uns im Längsschiff, sie geht mir voran. Rechts vom Eingang steht eine weibliche Statue, es heißt, das sei eine Gnadenstelle.

Meine Lebensgefährtin geht weiter nach vorne zu der Stelle hin, wo sich die Bauteile kreuzen und bringt Blumen als Opfergabe. Ich will eine Kerze dorthin bringen.

Einer der Anwesenden erzählt, sein Vater sei nur durch Fürbitten geheilt worden. Die Fürbitte habe einen sehr hohen Rang im Hinduismus.

»Was verbinden Sie mit der hinduistischen Religion?«

»Mit ihr verbinde ich die Erkenntnisse, die ich aus der Bhagawadgita zur Dynamik lebendigen Lebens gewonnen habe. Und das christliche Querschiff mit der Gnadenstelle ist für mich die Kraft zu vergeben.«

»Und was ist die wesentliche Eigenschaft Ihrer Lebensgefährtin, mit der Sie auf die Kreuzung zugehen wollen?«

»Sie zeichnet sich durch ihre hilfreiche versöhnliche Kraft aus.«

»Wie schön, diese Kraft ist dann auch in Ihnen, denn die Gefährtin ist ja im Traum Ihr eigener Anteil, mit dem Sie, wie die Blumen in den Händen Ihrer Lebensgefährtin betonen, den Wunsch nach Frieden in sich aufblühen lassen. Und die Kerze zeigt Ihnen, dass Sie sich mit diesem Wunsch auf den dazu notwendigen Wandlungsprozess einlassen wollen.

Erzählen Sie mir noch etwas von Ihrem Vater.«

»Mein Vater hat mich durch seine autoritäre Art in eine aggressive Grundstimmung zum Leben hineingetrieben.«

»Was meinen Sie, was sollen Sie durch die Fürbitte, die im Hinduismus ein solch hohen Rang hat, erkennen?«

»Ich denke, ich sollte mich endlich mit meinem Vater versöhnen und nicht immer wieder den alten Kampf mit anderen Menschen fortsetzen.«

In einem dritten Traum dieses Herzpatienten hieß es dann zum Umgang mit Menschen:

»Jede Frage ist wertvoll.«

Was sagt dem Träumer dieser Hinweis? Wenn wir den anderen nach seinen Beweggründen fragen, anstatt ihn ungestüm anzugreifen und zu verurteilen, locken wir ihn in ein Gespräch, das beide Seiten einander näherbringen kann. Dabei geht es um die Art der Fragen, die durch ihre Tiefe eine wahrhaftige Antwort einfordern.

Ich möchte nun mit einem nächtlichen Dialog im Leser das Vertrauen stärken, dass wir alle in der Nachfolgeschaft sind, den spirituellen Geist des Lebens zu begreifen, das heißt, in allen Lebenslagen schöpferisch zu werden, und dazu brauchen wir unsere ganze Achtsamkeit. Ohne sie finden wir nicht den Weg. In der Nacht, im halbwachen Zustand, empfing ich diese Botschaft*:

Du bist du.
ICH bin ICH.
Du kannst es nicht verwechseln, da es mehr nicht gibt.
ICH bin dein Selbst.
ICH bin das Selbst von allen Menschen.
ICH bin das selbst gelebte, geliebte Leben.
ICH bin das ganze All.
ICH bin das Ganze.
ICH bin dein lebendiges Selbst.
ICH bin das, was du sein möchtest, aber noch nicht bist.
ICH weiß, dass ich dir oft wehtue, aber das geht nicht anders.
ICH will dir nicht das Leben schwer, ICH will es dir leichter machen. Du sollst es dadurch lernen.

Die Botschaft setzte sich in einer anderen Nacht fort:

Es ist nicht mehr so schwer, wie es war. Du bist jetzt nicht mehr so taub und so ängstlich. Aber nur zuhören geht nicht.

---

* In meinem Lehrbuch »Pflück Dir den Traum vom Baum der Erkenntnis« (ehp Verlag 2007) habe ich beschrieben, wie solche Texte entstehen.

ICH fühle mich nicht in dich hinein, um dich zu füllen, sondern um dich anzulocken.

ICH will es dir nicht schwer machen, aber du hast dich noch nicht genug dem Leben geöffnet. Du musst dich mehr öffnen und dich trinken wollen.

ICH bin deine eigene Seele.

ICH bin deine eigene Lust.

ICH bin deine eigene Freude in dir.

ICH bin ICH und du bist du.

ICH bin das Leben.

ICH bin der Tod.

ICH bin dein Gott in dir – ICH bin ein Gott in dir.

ICH bin Millionen und Billionen Götter.

LIEBE.
WIE TRÄUME UNS IN BEZIEHUNGEN ZU ANDEREN UND ZU UNS SELBST UNTERSTÜTZEN

Im Kapitel »Spiritualität« ging ich auf die Geborgenheit in der Liebe Gottes ein. In dem folgenden Kapitel geht es noch einmal um die Liebe zum Leben in uns selbst, zu der uns im Grunde jeder Traum auffordert, sowie um die Liebe zwischen Mensch und Mensch. Denn, wie Angelus Silesius sagte: »Was sein kann zwischen Mensch und Mensch, das ist der Weg dorthin.«

Um unser Leben lieben zu können, müssen wir uns frei und kreativ fühlen. Liebe kann durch Angst, Täuschungen und Aggressionen gefährdet werden. Die dadurch entstehenden Konflikte lassen sich nur lösen, wenn wir das Leben in seiner Fülle suchen und gestalten.

Als ich nach einem Seminar so richtig glücklich war, weil jeder Teilnehmer erkannt hatte, wie er sich aus negativen Gefühlen befreien kann, träumte ich:

In einem voll belaubten Baum sitzt oben an der Spitze ein großer Vogel in bunten Farben. Der größte Teil des Gefieders war leuchtend rot.

Vögel können fliegen, weil sie von der Luft getragen werden; das ist im Gleichnis gesehen ein schönes Bild für unsere emotionalen Kräfte, die von befreienden Gedanken gelenkt werden.

Das Gefieder des Vogels ist leuchtend rot. Rot ist die Farbe des Blutes, das den Sauerstoff und die Nährstoffe in alle Zellen des menschlichen und tierischen Körpers transportiert sowie die Stoffe entsorgt, die nicht gebraucht werden. Die Liebe zum Leben braucht von uns den gleichen nährenden und klärenden Kreislauf. Darum ist Rot die Farbe unserer Gefühle, unserer emotionalen Kraft auf der Suche nach Lebensfreude. Bleiben wir deshalb vorerst auf der Spur der Farbe Rot in den Träumen.

Ich erzähle dazu den Traum einer Mutter, die sehr darunter litt, dass sich ihr Sohn distanziert verhielt und sie nicht gerne besuchte. Er fühlte sich daheim zu eingeengt. Da träumte die Mutter:

Ich sehe einen Berg mit Schnee bedeckt. Viele Menschen rodeln dort hinunter. Ich tue es auch, aber habe etwas Angst. Doch ich spüre dann in meiner Hand, dass der Schnee kein Schnee ist, sondern aus einer Menge kleiner Glaskugeln besteht.

Ich gehe vom Berg hinunter, komme an unser Haus, das am Hang liegt, es liegt an der rechten Seite. Davor ist ein Metallzaun, der auffällig hoch ist. Ich sehe keine Türe im Zaun, das beunruhigt mich.

Da sehe ich den ganzen Zaun entlang lauter rote Laternen und die ganze Straße hinunter dazu überall aus Metall geschmiedete rote Engel. Sie standen da mit ausgebreiteten Armen.

Wohin will der Traum die Mutter führen? Im Laufe des Seminars war sie sich bewusst geworden, weshalb die Gefühle zwischen ihrem Sohn und ihr wie »gefroren« sind, das schildert das gefrorene Wasser: der Schnee auf dem Berg. Ein Berg, von dem wir eine weite Übersicht gewinnen, weist darauf hin, dass dem Träumenden etwas Neues bewusst geworden ist. Während der Arbeit im Seminar hatte sich der Schnee deshalb zu kleinen Glaskugeln gewandelt, weil die Träumerin nunmehr durchschaute, warum sich ihr Sohn so zurückzog.

Der auffällig hohe Metallzaun ohne Türe versinnbildlicht die zu perfekt geschmiedete Ordnungsliebe, die die Träumerin braucht, um sich sicher zu fühlen, denn ihre seelische Wohnung liegt noch an einem Hang. Ein Abhang weist stets auf Kinderängste hin, die noch nicht verarbeitet wurden. Die Träumerin erinnert in diesem Zusammenhang ihre Angst in der Kindheit, wenn ihre Mutter mit ihr unzufrieden war und sie tadelte. Deshalb hatte sie den Vorsatz entwickelt, besonders perfekt sein zu müssen, um nicht mehr von der Mutter kritisiert zu werden.

Dieses Verhalten erschwert es ihrem Sohn, ihr nahezukommen. Der Traum will ihr helfen, das Gitter der Perfektion nunmehr zu öffnen, damit sich ihr Sohn bei ihr wohlfühlen kann.

Die nächste Szene zeigt, wie sie das Licht wiederfinden kann, das sie in der Kindheit auslöschen musste. Der Traum weist sie darauf hin, dass sie lernen soll, das Leben zu genießen und sich dazu eine rote Laterne nach der anderen anzuzünden. Sie kann das schaffen, wenn sie die Kraft der Engel in sich entwickelt, das heißt, wenn sie sich von befreienden Gedanken und Gefühlen leiten lässt. Auf diese Weise beflügelt sie ihr Leben. Wenn sie den Weg der roten Laternen geht, wird sie den Drang, zu perfekt sein zu müssen, nach und nach in seine Grenzen weisen und sich selbst genießen lernen.

Zuweilen hilft uns die Liebe eines anderen Menschen, uns selbst wieder lieben zu wollen. Der folgende Traum schildert, wie der Lebenswille einer Frau vom Todeswunsch verdrängt wurde, als sie erfuhr, dass sie durch ihre schwere Krankheit kaum noch eine Chance hatte zu überleben. Sie erzählt: »Diese Nachricht war für mich so niederschmetternd, dass ich begann, mich vom Leben zu verabschieden. Von meinem Krankenbett aus sah ich hinaus in den Regen und fühlte mich dem Tod sehr nahe. Doch irgendwann brachte mir die Krankenschwester einen Strauß mit hundert roten Rosen und einen Brief. Dieser Brief war so liebevoll, dass ich ihn immer wieder lesen musste. In der folgenden Nacht träumte ich:

Ich stehe an einem trüben undurchsichtigen Gewässer. Der Wind streicht darüber und lässt kleine Wellen schlagen. Langsam lichtet sich das Wasser. Es wird klar.
Da entdecke ich rote Streifen tief unten auf dem Grund des Sees. Langsam kommen sie nach oben, und ich kann erkennen, dass es rot leuchtende Fische sind, die wie in einem Reigen umherschwimmen.

Wieder zeigt die Farbe Rot den Weg aus dem Labyrinth der Ängste. Das trübe undurchsichtige Gewässer spiegelt die Todesgefühle der Träumerin. Doch als sie die Rosen und den innigen Brief erhielt, begann sich ihr Lebenswille wieder zu regen. In der Tiefe ihrer Gefühle spürte sie das Bedürfnis, ins Leben zurückzukehren. Das symbolisieren die roten Fische im Traum.

Fische sind die ersten Wirbeltiere in der Evolution; sie leiten die Entwicklung zum Menschen ein. Auf der Suche nach einem freien und kreativen Leben gleichen sie den Bedürfnissen, die in unseren Gefühlen auftauchen und uns locken, neue Kräfte in uns aufzuspüren.

Rote Rosen im Traum zeugen von einer Liebe voller Duft und sinnlicher Fülle. Doch was geschieht, wenn sich ein Mensch in der Liebe zum anderen verliert? Lesen wir dazu den Traum einer kirchlichen Mitarbeiterin, die sich den Schwächen anderer Menschen ungewöhnlich offenherzig zuwandte. Aus Liebe zur Wahrheit sprach sie die Widersprüche an, die sie im anderen wahrnahm, aber ohne ihn dabei zu verletzen. Doch über all die aufmerksame Zuwendung, die sie anderen verschwenderisch schenkte, verlor sie die Kraft, sich selbst zu beschützen. Ein Traum half ihr, das zu erkennen:

Am Abend schließe deine Tore. Am Morgen nimm den Schleier und den Gürtel und mach dich auf den Weg. Eine dunkelrote, fast schwarze Rose ist wie ein Trichter geöffnet. Sie saugt alles in sich auf, alles dringt in sie hinein.

Ein dramatisches Bild. Die fast schwarze Rose weist darauf hin, dass der Träumerin nicht klar ist, dass sie in der Liebe zu anderen die Liebe zu sich selbst verliert, denn Schwarz ist ohne Licht und zeigt, dass etwas unbewusst geblieben ist. Während sie ihrem Gegenüber zuhört, wird sie zu einem Trichter, der alles in sich hineinsaugt. Denn sobald sie dem anderen zu verstehen gibt, dass er sich zum Beispiel zu sehr anpasst oder zu aggressiv reagiert, rührt sie an die Not dieses Menschen. Oft schüttet dann dieser sein ganzes Herz aus, und sie saugt seine Probleme geradezu in sich auf. So fehlt ihr der natürliche Selbstschutz, sich von den Nöten anderer rechtzeitig zu lösen.

Damit sie für ihr eigenes Leben die nötige Intimität zurückgewinnen kann, fordert der Traum sie auf, am Abend ihre Tore zu schließen und sich tagsüber zu verschleiern. Das heißt, sie soll sich für eine Zeit der Stille »gürten« (*nimm den Gürtel*), um ihre persönlichen Bedürfnisse wieder bewusst wahrnehmen zu lernen.

Wir alle kennen die Stelle im Neuen Testament: Du sollst deinen Nächsten lieben wie dich selbst. Das aber sagt, ich soll mich genau so lieben wie den anderen. Immer wieder verkennen Menschen dieses Gebot und stellen die Nächstenliebe über die Liebe zu sich selbst. Leben aber will in jedem Menschen lebendig bleiben.

Nur wenn wir Gedanken mit sinnlicher Kraft »blutvoll« ausdrücken und nicht »blutleer« referieren, werden wir wirklich gehört. Als ich 1989 mit einer kleinen Gruppe von Menschen durch Indien reiste, saßen wir alle in einem Bus. Und ich dachte so bei mir, ich könnte jetzt den anderen Teilnehmern etwas von der Bedeutung indischer Symbole erzählen. Aber ich zögerte: Soll ich das wirklich tun? Schließlich stand ich doch auf und schilderte, was Bilder indischer Mythen gleichnishaft veranschaulichen. Damals fielen mir solche Auftritte noch schwer, ich war nicht gewohnt, vor einer Gruppe frei zu reden. Wohl, um mich zu ermutigen, träumte ich in der nächsten Nacht:

Eine Frau, liegend mit Rouge auf den Lippen, legt ihre Lippen auf die Lippen anderer und gibt ihnen von ihrem Rouge ab. Sie tat es besonders gerne bei einem Mann, der nicht ihr Ehemann war.

Und es stimmte: Ich hatte in der Tat mit jemandem auf der Reise geflirtet, ganz harmlos, nur durch Augenkontakt. Keiner von uns beiden hatte die Absicht, mehr daraus werden zu lassen. Das Rouge auf den Lippen, also das Rot, zeigte mir, dass ich die Liebe für meine eigene Sprache gefunden hatte. Die Teilnehmer fühlten und verstanden, was ich ihnen nahebringen wollte. Ich war lebendig genug gewesen. Offensichtlich hatte mich der Flirt inspiriert – wie es der Traum zum Besten gab.

Liebe ist so vielgestaltig und oft auch schwer zu verwirklichen. Ich träumte in diesem Zusammenhang einmal:

Du sollst gegen den Schmerz deine Liebe zu dir entwickeln.

Seelische Schmerzen machen uns darauf aufmerksam, wenn wir mit uns nicht sorgsam genug umgehen. Was will Liebe und was bewirkt sie? Wir alle spüren es: Sie birgt in sich die Sehnsucht nach Glück. Daher sucht sie den Weg, wie wir Störungen in unserem Leben ergründen und auflösen können. Zugewandt und achtsam überwindet Liebe Barrieren aus Ängsten in uns selbst und im Gegenüber. Liebe entdeckt die gebrochenen Flügel unserer Freiheit. Dazu hörte ich in meinem Traum folgende Worte:

Liebe zu dem eigenen Wesen ist ohne Freiheit nicht am Leben.

Nur die Liebe zu befreiten Gefühlen löst die Täuschungen von Leben auf.

So einfach aber ist das nicht. Das können wir an dem Traum einer Frau nachvollziehen, der es gelungen war, sich aus resignativem Rückzug zu lösen und sich dem Leben wieder zuzuwenden. Doch sie war noch nicht selbstsicher genug und träumte:

Ich fliege in einem roten Flugzeug. Aber der Pilot springt plötzlich aus Angst mit dem Fallschirm ab und lässt sein Flugzeug im Stich. Es stürzt in die Tiefe. Verzweifelt wache ich auf.

Wir sehen, die Träumerin startete mit dem roten Flugzeug – ihrer neuen Freude am Leben – und fühlte sich wunderbar, Pilot ihrer eigenen Freiheit zu sein. Doch dann wurde sie plötzlich erneut mit der alten Angst konfrontiert und stürzte ab. Der Absturz zeigt, wie wir die Liebe zu uns selbst immer wieder aufs Spiel setzen, wenn wir nicht bewusst gegen alle Widerstände unsere Lebensfreude finden wollen.

Wie glücklich ist dagegen eine Frau aufgewacht, die durch einen Traum zur Ernte gerufen wurde. Schwierige Befreiungswege lagen hinter ihr. Sie besuchte in dieser Zeit mehrere Seminare und befand sich gerade wieder auf dem Weg zu einem weiteren. In der ersten Nacht, vor Beginn dieses Seminars, träumte sie:

Ich träume, dass ich einen Traum analysiere. Dazu sehe ich eine Fläche wie ein Fenster, an dem die Jalousien dabei sind, sich zu öffnen und hochgezogen zu werden. Dabei entstehen dunkle und helle Streifen. Die hellen Streifen sehen so aus, als ob weißes Sonnenlicht darauf scheint. Eine Stimme fragt mich: »Was erntest du?« Vor mir sehe ich viele leuchtend rote Vogelbeeren und so sage ich: »Ich ernte Vogelbeeren.«

Die Träumerin erzählt selbst dazu: »Die dunklen und hellen Streifen verstehe ich als meine bewussten und unbewussten Anteile. Die bewussten Anteile werden dabei deutlich mehr, denn die Jalousien werden hochgezogen. Das weiße Sonnenlicht sagt mir, dass ich mit der Kraft der Sonne, also mit der Suche nach Licht und Wärme, meine noch unbewussten, störenden Verhaltensweisen aufdecke.

Die Vogelbeeren schildern, wie viele Früchte ich bei meiner Freiheitssuche schon gewonnen habe und nun ernten kann. Denn Vogelbeeren werden von über fünfzig verschiedenen Vogelarten gefressen, die Vögel tragen dann die Samen weiter. Die Vogelbeeren in meinem Traum sind daher nicht nur eine Ernte, sondern zugleich füttere ich damit neue Freiheiten für meine Zukunft. Die rote Farbe der Beeren spiegelt meine neue Vitalität und Freude am Leben. Darüber hinaus lässt sich aus den Vogelbeeren ein kostbarer Schnaps brennen, der ausgezeichnet für die Verdauung ist, das brauche ich nach der schweren Zeit, die hinter mir liegt. Ich bin sehr froh mit diesem Traum aufgewacht.«

Liebe sucht nicht nur den Weg aus dem Käfig der Unfreiheit, sondern sucht auch das Glück neuer schöpferischer Möglichkeiten. Eine Biologin, die ich durch meine Gleichnisarbeit an ägyptischen Mythen neugierig gemacht hatte, hörte einen Museumsvortrag über das alte Ägypten. Danach war sie fest entschlossen, sich selbst auf die Suche in den Bilderreichtum dieser alten Kultur zu begeben. In der Nacht darauf träumte sie:

Ich bin eine weiße Katze, renne übers Feld und gerate in eine so hohe Geschwindigkeit, dass ich abhebe.
Dabei werde ich zu einem Vogel, mittelgroß mit weißen Flügeln. Ich fliege hoch und sehe unter mir Felder. Dann entdecke ich eine Insel, dort beschließe ich zu landen.
Als ich auf die Insel komme, werde ich sogleich eine Kuh, die zu fressen anfängt. Dabei fühle ich mich sehr glücklich.

Erstaunlich, welch spontane Verwandlungen die Träumerin bewältigen konnte: Katze, Vogel und Kuh, das sind drei ganz unterschiedliche emotionale Verhaltensweisen. Zuerst fühlte sie sich wie eine weiße Katze. Eine Katze ist souverän, sie schmust und spielt gerne mit den Menschen, aber nur solange sie will. Sie bestimmt, was ihr guttut und was sie nicht möchte. Ihre Souveränität ist unantastbar. Die Farbe Weiß zeigt der Träumerin, dass sie auf ihrer Suche mit sich selbst im Reinen ist. Nach dem Vortrag »hob sie ab«, voller Begeisterung, und beschloss, sich ein privates Studium über das alte Ägypten zu gönnen.

Mit diesem Gedanken fliegt sie als Vogel über die Felder ihrer schöpferischen Fähigkeiten. Schließlich entdeckt sie die Insel für ihren kreativen Aufbruch. Ihr kommt der Gedanke, die bilderreiche Hieroglyphenschrift zu lernen. Bei diesem Gedanken beschließt sie zu landen und wird sogleich eine Kuh. Warum ausgerechnet eine Kuh? Kühe sind unermüdliche Wiederkäuer, sie haben vier Mägen und verdauen daher ihre Nahrung besonders gründlich. Sie erzeugen dadurch die Milch, die neues Leben aufzieht. Mit diesem Bild beschreibt der Traum, wie genau sie sich sogleich mit dem Thema auseinanderzusetzen begann, um ihren Wunsch verwirklichen zu können.

Ein anderer Traum machte mich einst darauf aufmerksam, welch hohen Rang die Kuh als Traumsymbol hat, indem er sagte:

Leben ist eine Kuh, die dauernd ihre Euter füllt.

Denn nur durch intensives Wiederkäuen verdauen wir das, was uns das Leben als Nahrung anbietet. Im Kapitel »Kreativität« findet der Leser viele weitere Träume, die beschreiben, wie die Liebe zum Schöpferischen unser Leben gestaltet.

Ein gefährlicher Gegner der Liebe ist die Macht. Da ich zur Zeit des Nationalsozialismus aufgewachsen bin, hat mich die Frage der Macht über andere immer wieder bewegt. Ein Traum nahm dieses Anliegen von mir auf. Ich hörte folgenden nachdenklichen Text:

Menschen erwachen im Zeichen der Liebe, aber schreiten aus im Zeichen der Macht. Wenn Macht zur Liebe finden würde, gäbe es Frieden. Denn Liebe öffnet sich dem Gegner in neuer Weise. Es geht nicht darum, den anderen zu besiegen, sondern seine Kreativität zu öffnen.

Politiker versäumen es oft, zu zeigen, wie sie mit ihrem Gegner in Kontakt kommen können, auch wenn er eine ganz andere Ansicht vertritt. Sie fragen viel zu selten den anderen: »Wie gelangen Sie zu dieser Ansicht? Was hat Sie dazu gebracht, so zu denken? Ich möchte Sie gerne besser verstehen.« Wie gut würde es der Politik tun, wenn sie gelegentlich solche Fragen öffentlich stellen würde.

Nun lässt sich natürlich leichter darüber reden, als auch so zu handeln, aber ich habe in meinem kleinen Umfeld möglichst viel davon umzusetzen versucht. Ich habe während meiner Klinikleitung nie Macht ausgeübt, auch wenn sicher mancher glauben wird, das gehe nicht. Meine Interessen habe ich natürlich wahrgenommen, meistens in vielen intensiven Gesprächen, auch dann, wenn solch ein Prozess anstrengend war.

Als ich meiner Tochter den Betrieb übergeben hatte, überließ ich ihr zugleich die volle Verantwortung, damit sie sich entfalten und ungehindert gestalten kann. Ich selbst wandte mich der neuen Aufgabe zu, die Traumseminare auszuweiten und meine Forschungsarbeit in Vorträgen und Medien vorzustellen. Als ich mich lange nach der Übergabe noch einmal aufgrund der Sparmaßnahmen der Krankenversicherungen in die Sorge um die Klinik einschalten wollte, mahnte mich folgender Traum:

Im kranken Zustand trete ich in einen großen Kreis von Menschen, die um einen quadratischen Tisch sitzen. Sogleich steht ein Mann auf, der mir helfen will. Es war Altbundeskanzler Helmut Schmidt.

Wozu kommt Altbundeskanzler Schmidt hier ins Spiel? Ich denke, er musste die Fähigkeit entwickeln, sich zurückzuziehen, obwohl er genauso gut die Verantwortung für die Probleme seiner Zeit weiter hätte übernehmen können. Auch für mich ging es darum, die Verantwortung anderen zu überlassen, denn ich sollte mich einer neuen Aufgabe zuwenden. Mich bewegte damals die Überlegung, ein Lehrbuch für die Traumarbeit zu schreiben. Weil uns gemäß der Zahlensymbolik die Vier, entsprechend das Quadrat, dazu auffordert, die Fantasie zu entwickeln, wie wir einen Wunsch verwirklichen können, wies mich der quadratische Tisch auf den Gestaltungswunsch für mein Lehrbuch hin.

Und als ich das Manuskript nach vier Jahren einem Verlag übergeben konnte, sagte ein Traum dazu:

Ein Weg wurde von einem Ameisenbär vorgebahnt.

Ich stutzte. Wurde ich jetzt auf den Arm genommen? Ich vertiefte mich in ein Naturlexikon und staunte.

Der Ameisenbär vertilgt Ameisen. Ameisen sind der Ausdruck unermüdlichen kollektiven Fleißes. Das Schreiben des Buches wurde mir nur dadurch möglich, weil ich dem Fleiß zu vieler Aufgaben entronnen war und mich nicht mehr unter Zeitdruck setzte.

Als ich mich Schritt für Schritt aus dem Gefühl »Ich bin nicht wichtig« herausgewunden hatte, träumte ich eines Tages:

Ich erlebe eine sehr liebevolle Begrüßung zwischen einem Hund und einer Frau. Es ist ein Wolfshund, der nahezu weiße Pfoten hat. Er steht auf seinen Hinterbeinen und legt seine Pfoten auf die Schultern der Frau.

Die Frau ist in dem Traum meine neu gewonnene Erkenntnis, meine eigenen Wünsche verwirklichen zu dürfen. Liebe, Treue und Wachsamkeit, die den Hund auszeichnen, waren zu mir zurückgekehrt. Hunde stammen von Wölfen ab, die mit vielen Entbehrungen fertig werden. Der Wolfshund mit weißen Pfoten auf meinen Schultern gab mir zu verstehen, dass ich meine Entbehrungen der Vergangenheit und deren Bürde verarbeitet hatte. Die Liebe zu mir selbst umarmte mich.

Um uns liebevoll den eigenen Bedürfnissen und denen des Partners zuwenden zu können, müssen wir uns bewusst machen, dass wir Konflikte nur lösen, wenn wir den anderen nicht beschuldigen. Auch hat es keinen Sinn, sich verletzt ins Schweigen zurückzuziehen. Konflikte lösen wir nur, wenn wir uns offen begegnen und Verständnis füreinander suchen.

Rainer Maria Rilke ging darüber hinaus, als er sagte: »Lieben heißt, die Freiheit des anderen bewachen.« Das heißt, nicht nur für die eigenen Bedürfnisse, sondern auch für die des Partners kreativ zu werden. Wenn ich schöpferisch in meiner Liebe bin, habe ich die Chance, auch schöpferisch geliebt zu werden.

Man könnte meinen, Sexualität in Träumen spiegelt partnerschaftliches Verhalten. Aber das Eigenartige sexueller Szenen ist, dass sie fast immer die Fähigkeit des Träumers wiedergeben, in welcher Weise er seine weiblichen und männlichen Kräfte miteinander in Einklang bringt. Ich erwähnte es schon: Eine Frau empfängt neues Leben im Innern, das ist – im Gleichnis gedacht – das Erkennen von neuem Leben. Und ein Mann zeugt aus sich heraus, das ist – im Gleichnis gedacht – die Leben erzeugende Tat. Erst die harmonische Verbindung von Erkennen und Tun bringt neues Leben hervor, das uns befriedigt.

So kam es im Traum einer Frau zu einem sehr erfüllenden sexuellen Erleben mit Rudi Carrell –

einem erfolgreichen Entertainer, der sich zugleich tiefsinnig dem Leben zuwenden konnte. Beides sind Fähigkeiten, über die sie auch verfügte, die sie sich aber noch nicht selbst zu zeigen traute. Ein anderes Mal erlebte sie sexuelle Erfüllung mit dem Bürgermeister der Stadt, der sehr vielseitige Fähigkeiten hatte, mit den Bürgern zu kommunizieren – das sollte sie sich auch zutrauen, ermutigte sie der Traum.

Natürlich gibt es auch Sexualität in Träumen, die uns nicht erfüllt. In solchen Fällen geht es meist um eine Eigenschaft, die uns am Partner, den uns der Traum beigibt, nicht gefällt. Weil ich meine Gefühle gelegentlich so verpanzerte, musste ich zu meinem großen Schrecken im Traum einmal mit Putin schlafen.

In einem Seminar erzählte ein Mann folgenden Traum:

Wir machen in der Gruppe jeweils zu zweit eine Übung. Vor mir steht eine Frau. Sie ist genauso groß wie ich. Ich erkenne sie, aber sie ist nicht aus der Gruppe. Wir fassen uns an den Händen, stehen ganz nah zusammen, unsere Nasen berühren sich. Nun sind wir ganz allein. Unsere Lippen berühren sich zunächst zart. Dann küssen wir uns intensiver, irgendwann schieben sich die Zungen sanft durch die Lippen. Wir küssen uns jetzt innig. Unsere Körper berühren sich. Wir nehmen uns fest in die Arme, pressen unsere Becken aneinander, immer fester. Ich spüre, dass mein Glied steif wird. Es fühlt sich wunderbar an. Wir beide genießen die innige Umarmung. Ich habe einen Samenerguss und lasse mich ganz fließen. Dann wache ich auf.

Es geht in diesem Traum natürlich nicht etwa um Gruppensex, sondern um den Gewinn aus der Traumarbeit, endlich lang verborgene widersprüchliche Gefühle im Gespräch mit anderen Menschen klären zu können. Der Traum zeigt, wie entspannt und glücklich der Träumer wurde, als er endlich voll Vertrauen seine Gefühle in der Gruppe äußern konnte. Eine Angst aus der Kindheit hatte ihn dazu gebracht, sich ins Schweigen zu flüchten. Die Partnerin im Traum ist somit sein eigener weiblicher Anteil, der im Seminar erkannt hatte, wie erlösend es ist, Gefühle ohne Angst aussprechen zu können.

Auch destruktive sexuelle Träume kommen vor. Ein Beispiel findet der Leser in dem Kapitel über die Angst (siehe S. 46).

Die Angst, aus Liebe zum Partner nicht mehr eigenständig genug zu sein, nimmt mancher Frau das Vertrauen, sich auf eine Liebe einzulassen. Eine Patientin war durch schwere seelische Verletzungen gegangen, und aus Angst, erneut verletzt zu werden, wies sie die Liebe eines Mannes immer wieder ab, obgleich sie zu ihm eine tiefe Zuneigung empfand.

Im Kapitel »Kreativität« (S. 145 ff.) haben wir schon einen Traum dieser Patientin kennengelernt, in dem sie gemahnt wurde, ihre verloren gegangene Souveränität zurückzugewinnen. In dem dort geschilderten Traum kamen Könige aus dem verfallenen Schloss ihrer Vergangenheit. In immer erneuten Auseinandersetzungen gewann sie nach und nach wieder Vertrauen zu sich selbst und konnte es nach langer Zeit des Rückzugs endlich wagen, sich auf ihre Liebe einzulassen. Eine Liebe, die alles beinhaltete, was sich zwei Menschen schenken können. Da träumte sie:

Ich stehe am Steg eines Sees, es ist ganz früh am Morgen. Langsam geht die Sonne auf, und zwar mir gegenüber im Westen. Ich steige den Berg hoch und bin zutiefst unsicher, weil die Sonne im Westen aufgeht, und drehe mich in Richtung Osten. Da sehe ich, dass dort hinter einem Berg eine andere Sonne aufgeht. Der Himmel ist ganz klar. Und beide Sonnen stehen sich in einer Bahn gegenüber. Langsam nähern sie sich einander an. Ich frage mich, was geschieht, wenn sie zusammenstoßen würden. Ich denke an eine Explosion. Als beide Sonnen aufeinandertreffen, verschmelzen sie zu einer Sonne, die nun im Zenit steht.

Welch glückliches Miteinandersein!

Die Sonne, die im Westen aufgeht, weist die Träumerin darauf hin, dass die seinerzeit in ihr untergegangene Liebe zu sich selbst neu aus all den Dunkelheiten erwacht ist. Noch fühlt sie sich unsicher in diesem neuen Vertrauen zu sich selbst. Die Sonne, die im Osten aufgeht, symbolisiert die Liebe des Mannes, der sich ihr nun erwartungsvoll zuwandte, als er spürte, wie sie sich ihm öffnete. Und dann sehen wir, wie zwei Sonnen wie zwei Herzen miteinander verschmelzen. Schöner lässt sich Liebe nicht in Worte fassen.

Ich denke, indem Liebe schöpferische Kräfte freisetzt, stellt Gott jedem Menschen die Aufgabe, sich die vielen Stufen der Liebe selbst bewusst zu machen, denn, so hieß es in einem meiner Träume:

Alle Grausamkeit in der Welt ist ein Nichtwissen.
Die Liebe aber ist die Exaktheit im Detail, und dabei geht es um das Vertrauen in das Gesetz der harmonischen Welt.

Wer liebt, wird herausgefordert, Leben zu achten. Das verlangt immer wieder neu, nach wahrer Harmonie zu suchen und sie nicht etwa vorzutäuschen. In unserem tiefsten Inneren finden wir den Weg, wenn wir alle neu aufkommenden Gedanken und Gefühle daraufhin prüfen, ob sie uns guttun.

Liebe sucht, das auch in unserem Gegenüber zu achten und zu unterstützen. Doch Liebe kann auch enttäuschen, wenn der andere in seiner Schutzhaltung verharrt und die Steine seiner Kindheit nicht auflösen will.

Liebe schenkt Geborgenheit.
Liebe fordert heraus.
Liebe braucht Genauigkeit.
Liebe verschwendet sich.
Liebe fühlt, denkt, sucht, öffnet, erkennt und gestaltet.

Zum Abschluss dieses Kapitels möchte ich noch einen Traumtext wiedergeben, der mir schilderte, wie wir den Garten unserer aufblühenden Wünsche pflegen können.

Ich bin die Wünsche, die ich verwirkliche.
Es ist kein Wunsch im Herzen des Menschen, der nicht den Weg weist in das Glück.
Glück ist die Liebe zum Leben, ist das befreite Leben.
Ich suche einen Wunsch, der mir Leben gibt: Leben in einer Weise wie Kinder: ohne Angst vor den Wünschen, die in ihrem Herzen sind.

Das Herz weiß im Geheimen immer, was ich brauche, um mich frei fühlen zu können: Hätte ich doch einen Tag, an dem ich alles tun kann, was ich möchte.

Hätte ich doch den Mut, nicht tun zu müssen, was man von mir erwartet, sondern zu tun, was sich mein Herz wünscht.

Hätte ich doch die Liebe zu mir, mir einen Wunsch zu erfüllen, der mein Herz befriedigt.

Ich bin der Wunsch, den ich verwirkliche.

Wünsche sind Leben — sie sind der Samen, ich bin der Gärtner.

Ich bin der Gärtner meiner Wünsche.

Meine Wünsche sind Blüten, die mit ihren Farben und mit ihrem Duft werben, von einem anderen wahrgenommen zu werden.

TOD.
WIE UNS TRÄUME ZUM LEBEN AUFFORDERN

Mitunter können Träume von Tod und Sterben besonders eindringliche nächtliche Erlebnisse sein. Doch sie spiegeln ganz unterschiedliche Lebenssituationen. Möglicherweise schildern sie, wie wir durch Hoffnungslosigkeit unsere Freude am Leben gerade verkümmern lassen. Oder sie bergen eine tiefe Hoffnung, weil wir dabei sind, ein altes Schutzverhalten aus der Kindheit endlich sterben zu lassen, das in uns eine Lebenskraft blockiert. Ein solcher Tod birgt die Kraft in sich, diese in der Kindheit unterdrückte Lebenskraft endlich wieder auferstehen zu lassen. In einem altägyptischen Traumdeutungstext heißt es deshalb: »Wer sich selbst als Toten sieht, wird ein langes Leben haben.«

Wenn wir im Traum verstorbene Verwandte, Freunde oder Bekannte treffen, ist es wichtig, sich bewusst zu machen, welche Eigenschaften wir an ihnen zu Lebzeiten besonders geschätzt oder abgelehnt haben. Sie treten auf unserer Traumbühne nur deshalb auf, weil sie uns zeigen wollen, wie wir uns selbst verhalten.

Äußerst selten geht es darum, uns den Tod eines uns nahestehenden Menschen vorauszusagen, doch auch das kommt vor.

Zu unseren verschütteten Kräften vorzudringen ist gar nicht so einfach. Eine Patientin, die immer wieder in Schwierigkeiten mit ihren Partnern geriet, forderte der Traum auf, sich zu erinnern, was sie als Kind erlebt hat.

Sie träumte zunächst:

Langsam zur Quelle nach hinten vorarbeiten.

Zur gleichen Zeit träumte ich:

Die Gräber, in die wir hineinschauen sollen.
Es geht darum, in einen tiefen Erdschacht einzusteigen.
Die Enge, durch die wir hindurchmüssen, ist furchtbar. Doch dann geht dort unten eine Türe auf. Sie führt in eine Toten-kammer, die – jetzt archäologisch untersucht – anmutet, als ob wir eine alte Grabstätte aufmachen. Ich spreche laut aus, »bitte, bitte lass mich leben«.

Langsam arbeiteten wir uns zur Quelle ihrer Not vor. Die Patientin offenbarte dabei ein merkwürdiges Problem. Sie war in einer besonders schönen Harmonie mit ihrem Vater aufgewachsen. Daraus entwickelte sie die Vorstellung, dass Menschen immer so mühelos zusammenleben. Erwachsen geworden, musste sie erst bitter erfahren, wie schwer das Zusammenleben mit einem anderen werden kann. Denn wenn der Partner bei seinem Gegenüber noch unbewusste Ängste abwehren muss, ist es nicht einfach, harmonische Lösungen zu finden.

Lassen wir uns zuerst auf das Sterben durch resignative Gefühle und Gedanken ein, die den Lebenswillen eines Menschen bedrohen können. Sie schaufeln häufig der Lebensfreude das Grab. Wer widerspruchslos dem Zweifel erliegt, doch nichts an seinem Leben ändern zu können, wer sich verraten fühlt und sich bedingungslos in sein Schicksal fügt, sucht sein »Grab« aus der Kindheit nicht auf, um die damals verloren gegangene Kraft wiederzufinden. Dann drohen wir unseren Lebenswillen zu zerstören. Das schildert der Traum zuweilen in schreckenerregenden Szenen.

Letzteres geschah einer Frau, die an Betrüger ihr gesamtes Vermögen verloren hatte. Seit Wochen völlig verzweifelt, träumte sie:

Ich gehe einen Weg entlang, es dämmert. In der Ferne sehe ich eine wunderschöne Trauerweide. Beim Näherkommen erkenne ich, dass zwei Männer unter der Trauerweide eine Grube schaufeln. Ich frage, was sie hier machen, und sie erklären mir, dass sie mein Grab schaufeln.

Das verlorene Vertrauen zu ihrer Tatkraft wird hier zum Täter. Die Träumerin sagt selbst dazu: »Die Trauerweide hat für mich eine ganz besondere Bedeutung. Schon als kleines Kind habe ich mich auf eine nicht erklärbare Weise von diesem Baum angezogen gefühlt, habe in ihm die Gestalten meiner Kindersehnsucht – Elfen und Engel – vermutet. Später – als ich Gesangstunden nahm – wurde das »Lied von der Weide« aus der Oper Othello von Verdi zu einem meiner liebsten Gesangsstücke. In diesem Lied ist von einem betrogenen, verlassenen Mädchen die Rede, das sich an einem Wasser sitzend aus den Zweigen des Weidenbaumes einen Brautkranz windet und sich dann das Leben nimmt.

Ich begegne im Moment des bittersten Verrates und der tiefsten Verlassenheit im Traum dem Weidenbaum – dem Baum der Melancholie und Todessehnsucht, unter dem das Grab all meiner Hoffnungen gegraben wird.« Sich in melancholische Stimmungen zu flüchten, war folglich schon in ihrer Kindheit ein Notausgang, sie musste darum lernen, sich dem Leben mit neuem Vertrauen zu stellen.

Wie aber graben resignative Gefühle in uns Menschen ein Grab? Sehen wir uns dazu den Traum eines Patienten an:

Ich sah von oben in ein Schlachthaus hinein. Da sah ich fünf bis acht Bisons. Ein Mann wollte den ersten, den größten aller Bisons, schlachten. Meine Frau sagte mir, ich sollte dem Mann helfen, damit er nicht von dem stürzenden Büffel erdrückt würde. Denn der Sturz des größten Bisons würde den Fall aller anderen nach sich ziehen.

Ein ungeheures Bild. Was sagt es uns? Bisons sind Wiederkäuer, sie tauchen in unseren Träumen auf, wenn wir uns ganz intensiv mit etwas auseinandersetzen sollen. Etwas, das wir sozusagen nicht verdaut haben. Der Träumer neigte dazu, zu resignieren. Genau das spiegelt sich in seinem Traum wider. Denn wenn er den ersten Bison schlachtet – d. h., wenn er den ersten Schritt nicht tut –, fehlt es ihm an Entschiedenheit, das ändern zu wollen, was ihn unzufrieden macht. Dadurch aber werden auch alle weiteren notwendigen Schritte unmöglich (sterben gewissermaßen), die ihm neue Wege zu glücklicheren Gefühlen bahnen würden.

Um welche Schritte geht es dabei? Was folgt dem Entschluss, etwas ändern zu wollen? Der zweite Schritt verlangt, dass wir uns widersprüchliche Gefühle bewusst machen, um zu erkennen, von welchem Gefühl wir uns befreien wollen. Entschlossen, uns von dem negativen Gefühl zu trennen, suchen wir dann im dritten Schritt nach dem Wunsch, der uns befriedigende Gefühle verspricht. Im vierten Schritt müssen wir uns überlegen, wie wir diesen Wunsch gestalten könnten. Im fünften entwickeln wir dann die Kraft, mit allen unseren fünf Sinnen unseren Wunsch zu verwirklichen. Im sechsten Schritt geht es um das Selbstbewusstsein, auch gegen die Widerstände von außen ruhig und klar zu unserem Wunsch zu stehen. Das sind die sechs Grundschritte, die notwendig sind, um die Freude am Leben immer wieder neu zu erobern.

Wenn das nicht gelingt, müssen wir uns in einem siebten Schritt noch einmal mit uns selbst sehr tief auseinandersetzen, also zurück in die eigene Kindheit gehen und klären, woher die ängstliche Haltung kommt. Denn sie blockiert die Lebenskraft, die wir brauchen, um uns den neuen Wunsch, mit dem wir unser Leben gestalten wollen, zu erfüllen. Im achten Schritt besiegen wir dann nach und nach die Angst und genießen mit dem neunten Schritt unsere neue

Freiheit. Immer wenn in Träumen eine dieser Zahlen genannt wird, weisen sie den Träumer ausdrücklich darauf hin, den entsprechenden Schritt zu gehen, oder sie bestätigen, dass er gerade vollzogen wird.

Wer den ersten Schritt nicht tut, ist ohne Hoffnung. Darum geht es auch in dem Traum der acht Bisons. Die Ehefrau, die in dem Traum die Gefahr durchschaut, zeigt, dass der Träumer sich schon bewusst zu machen beginnt, dass er den ersten Schritt tun muss – den Willen etwas zu ändern aufbringen muss –, um nicht weiterhin zu leiden. Wie tief uns Ängste in die Todessehnsucht hineinziehen können, wenn wir uns verlassen fühlen und sich unbeschreibliche Leere in uns ausbreitet, beschreibt der Traum eines Mannes, der nur noch sterben wollte. Seine Lebensgefährtin hatte sich von ihm getrennt, er fühlte sich einsam und todunglücklich. Da träumte er:

Ich befinde mich in einem Operationssaal, und ich weiß, es ist zugleich die Todeszelle eines Gefängnisses, der Delinquent liegt auf dem Operationstisch, sein Körper ist mit einem grünen Tuch bedeckt.

Drei Ärzte bereiten seinen Tod in Form einer Giftspritze vor. Ein Arzt drückt einen Gummischlauch in seine rechte Lendenseite, in die Leber. Ein starker Blutstrahl dringt durch den Schlauch, wird über seinem Kopf mit der tödlichen

Substanz vermischt und dann über den linken Arm injiziert.
Den Ärzten ist kein Gefühl anzumerken, sie gehen fast bru-
tal mit dem Todeskandidaten um. Diese Tötung wiederholt
sich im Laufe des Traumes immer wieder.

Das Gefängnis symbolisiert, dass sich der Träumer in
Bezug auf die Trennung schuldig gesprochen hat. Die
Todeszelle betont, wie hart er sich dafür verurteilt.
Was drängte ihn dazu? Er war gewohnt, immer die
Schuld bei sich selbst zu suchen, sobald ihn ein an-
derer verletzte. Seine Kindheit war von destruktiven
Auseinandersetzungen geplagt. Um als Kind nicht
noch einsamer zu werden, verbarg er seine Verlet-
zungen und suchte die Schuld bei sich selbst. So hat-
te er sich auch gegenüber seiner Lebensgefährtin ver-
halten. Solches Verhalten aber lähmt die gemeinsamen
Entwicklungschancen.

Das grüne Operationstuch zeigt, dass er eigentlich
den Todeswunsch überwinden wollte, denn die Farbe Grün ist ja die Farbe der Pflanzen, die das Sonnenlicht für neue Wachstumsprozesse aufnehmen.
Doch sein Gefühl der Ohnmacht wird zu mächtig,
und er sehnt sich danach zu sterben.

Um sein Leiden zu beenden, vergiftet er seine
Gefühle – auf sie weist das Blut hin, das aus seiner
Leber schießt – mit den Gedanken (über den Kopf),

sterben zu wollen. Die Injektion in seinen linken Arm ist die Suche nach der Lösung, wie er seine Todessehnsucht verwirklichen könnte, denn Arme dienen dazu, etwas in die Tat umzusetzen. Dabei geht der Träumer sehr brutal mit sich um. Immer und immer wieder sucht er danach, wie er es doch noch schaffen könnte, sich zu töten.

Dieser entsetzliche Traum hat den Träumer aus seiner Todessehnsucht wachgerüttelt. Fünf Wochen später schickte er mir folgendes Gedicht von Antoine de Saint-Exupéry:

Neues Leben
Zwei Minuten danach stand ich im Grase
Fühlte mich so jung, wie auf einen Stern versetzt,
Auf dem das Leben neu beginnt.
In einem neuen Klima.
Auf diesem Boden, unter diesem Himmel
Fühle ich mich wie ein junger Baum.
Und ich streckte mich nach der Reise
Und war so herrlich hungrig.
Ich machte lange, elastische Schritte,
um mich vom weiten Flug zu erholen
und musste darüber lachen, dass ich meinen
Schatten wieder hatte — das war die
Landung.

Dazu schrieb er: »Dieser Text beschreibt annähernd das, wie ich mich heute Morgen fühle. Ich konnte mich heute Morgen selbst spüren, ich habe geweint vor Freude … Es ist herrlich, danke.«

Ein anderer Patient überwand seine Todessehnsucht schon im Traum. Dieser Patient hatte einen Herzinfarkt erlitten. Da er beruflich eine sehr verantwortungsvolle Aufgabe erfüllte, lag die Frage nahe, ob er seinen Posten aufgeben werde müssen. Bis er sich darüber im Klaren war, war seine Position aber schon vergeben. Dieses Geschehen erlebte der Patient wie einen Mord. Nach einer Zeit intensiver Auseinandersetzung mit sich selbst gab er sich die Antwort, was zu tun sei, im Traum:

Ich liege in meinem Klinikbett, plötzlich stehen SS-Schergen mit ihren großen Stiefeln und der Tod neben meinem Bett. Ich siege über sie, indem ich aufwache und sage: »Ich lebe.« Danach ist der Albtraum entschärft, und es wird nahezu friedlich in mir.

Er hatte dem Gefühl, von Mördern umgeben zu sein, seinen Lebenswillen entgegengesetzt. Das gab ihm die Kraft, sich einer neuen Aufgabe zu stellen, die seine Kreativität herausforderte und die ihn dann sehr erfüllte.

Wenn wir einem alten Angsttrieb folgen, der uns unfrei macht, begegnen wir im Traum gelegentlich einer schwarzen Schlange, die den Angsttrieb der Kindheit darstellt. Wir wissen schon: Um der Angst zu entkommen, entwickelt das Kind eine Schutzhaltung. Im folgenden Traum begegnen wir dem Schicksal einer Frau, die sich als Kind nicht liebenswert empfand. Um nicht enttäuscht zu werden, war sie gewohnt, ihre Gefühle zu verbergen, und war akut in Gefahr, der Liebe eines Mannes auszuweichen, dem sie sehr zugetan war. Als es ihr doch noch gelang, sich von dieser alten Angst zu lösen, besiegte sie die schwarze Schlange! Ein Traum bestätigte sie darin:

Über Wüstensand kriecht eine mehrere Meter lange, dicke, schwarze Schlange. Ich erschieße sie.
Eine kleine, grauweiße Perserkatze versteckt sich unter einem Stuhl. Sie ist sehr niedlich und lieb.

Der Wüstensand erzählt ihr, dass sie die Gefühle nicht zulassen wollte, die sie für den Mann empfand. Ihr alter Angsttrieb vor Nähe schlängelte sich wieder in ihr Leben. Doch wachsam und entschlossen erschießt sie diesen alten Drang. Nun ist der destruktive Angsttrieb tot. Aus dieser Befreiung entwickelt sich in ihr das Verhalten einer kleinen Perserkatze.

Perserkatzen sind nicht so freiheitsliebend wie unsere gewöhnlichen Katzen. Sie sind Schmusekatzen, die wie ein Hund an ihrem Besitzer hängen und sich gerne lieben lassen. Welch befreiende Verwandlung! Die Träumerin wurde dadurch reich beschenkt.

Es geht nicht nur um die Auflösung von Unfreiheit, sondern auch um den Verlust von Kreativität in der Kindheit. Diese Kreativität musste das Kind wie in einem Grab verschließen, weil es seinerzeit keinen Weg sah, seiner Sehnsucht nachzugehen. Diese Kraft müssen wir zuweilen lange umkreisen, bevor wie sie tief genug fühlen, um sie wieder auferstehen zu lassen.

In meiner eigenen Kleinkindzeit habe ich die Erfahrung gemacht, dass meine Gefühle offenbar nicht stimmen. Denn sie interessierten die Eltern nicht. Darum verbarg ich mich mit ihnen. Wie oft war ich deshalb schon im Traum gemahnt worden! Nun provozierte mich ein geradezu makaberer Traum:

Ich stehe vor einer Metzgerei. Da sehe ich, dass es heute kein Fleisch geben wird. Heute ist der Tag, an dem die Läden geschlossen haben, das hatte ich übersehen.
Auf einmal sehe ich den Ostersee, der sich neben unserer Klinik erstreckt, darin schwimmen tote Malaien, ganz in der Nähe des Steges. Sie liegen dort zum Teil mit Moder bedeckt, ich sehe ihre dunklen langfingrigen Hände.

Ein schauriges Bild, diese im Wasser treibenden, verwesenden Leichname, aber es lohnt sich, sich dieser Szene zu nähern und sich zu fragen, warum diese Menschen im Wasser eigentlich Malaien sind. Malaien sind dunkle Menschen, voller emotionaler Kraft. Sie verfügen über eine viel höhere Sinnlichkeit, als ich selbst sie je erleben konnte. Der Tod dieser Menschen veranschaulicht, dass meine sinnliche Kraft verweste. Diesen Mangel spiegelt auch die Szene in der Metzgerei wider: Ich bekomme kein Fleisch. Das heißt, mir fehlte die emotionale Energie, um mich diesem Mangel bewusst genug zuzuwenden.

Diesen Traum träumte ich, als ich an meinem ersten Buch schrieb und besonders besorgt darum war, sachlich alles einwandfrei zu schildern. Dabei entglitt mir die Kraft, den Text auch sinnlich zu gestalten. Darauf machte mich der Traum aufmerksam.

In schweren Lebenserfahrungen geht es häufig darum, den Lebenswillen nicht sterben zu lassen. Wir brauchen ihn, um uns einen neuen Weg zu bahnen. Ich habe einmal mit einer Frau gearbeitet, die eine sehr schwierige Auseinandersetzung mit ihrem Mann hatte. Sie verlor ihn nicht nur als Partner, sondern auch als Freund und fiel darüber in eine tiefe Traurigkeit. Um sich selbst zu helfen, entschloss sie sich, todkranke Menschen beim Sterben zu begleiten.

Indem sie anderen Menschen in ihrem Abschied aus dem Leben helfen konnte, schaffte sie es, sich dem Leben nicht zu entziehen. Nach vielen Jahren war sie bereit, einen neuen Aufbruch zu wagen, da träumte sie:

Ich stehe vor einem hölzernen Tor, auf der rechten Seite liegt eine Reihe von Totenköpfen, ich blicke auf den Türgriff des Tores, und da nimmt mich die Schönheit dieses Griffes total gefangen. Er besteht aus einem in Gold gearbeiteten springenden Löwen, er trägt auf seinem Kopf einen wunderschönen goldenen, fein gezeichneten Schmetterling.

Die Träumerin steht vor einem noch verschlossenen Tor, das einen neuen Abschnitt in ihrem Leben symbolisiert. Ganz bewusst hat sie durch die Sterbebegleitung ihre eigene Trauer bewältigen können, das zeigen die Totenköpfe auf der rechten, d. h. bewussten Seite. Sie soll sich nun auf ihre frühere Kraft wiederbesinnen, auf die wunderbare Stärke eines springenden Löwen. Löwen sind souverän und vital, und diese Kraft braucht die Träumerin für eine neue Kreativität. Zu dieser Kreativität fordert sie das Gold auf. Der Schmetterling weist sie darauf hin, dass sie dazu den Kokon ihrer Trauer öffnen und wieder in die Leichtigkeit zuückfinden soll. Und so sagt der Traum:

Mach das Tor auf – es öffnet dir neue Lebensbereiche, die deiner Vitalität und deinem Freiheitsbedürfnis entsprechen.

Im nächsten Traum geht es nicht um einen Tod in der Träumerin. Vielmehr war diese Träumerin von einer Behauptung betroffen, die über ihren längst verstorbenen Vater aufgestellt wurde. Jemand hatte gesagt, ihr Vater hätte sie als Kind missbraucht. Sie stand diesem Vorwurf völlig verständnislos gegenüber. Da träumte sie:

Eine Instanz zwingt mich, meinen Vater zu exhumieren. Ich kämpfe dagegen an und habe große Ängste. Ich buddle den Sarg aus und öffne ihn. Mein Vater liegt ganz friedlich im Sarg. Während ich ihn anblicke, öffnet er plötzlich die Augen und schaut mich ganz liebevoll an.

Der Traum zwingt sie, dem Vater noch einmal ins Gesicht zu sehen und sich auf das, was er ausstrahlt, einzulassen. Sie sieht das Bild des liebevollen Vaters, so wie sie ihn kennt. Der Traum schenkt ihr damit die Gewissheit, dass sie sich die Erinnerung an den Vater nicht nehmen lassen soll.

Tod und Auferstehung sind Inhalt all dieser Träume. Beides verbindet uns daher nicht nur mit der jenseitigen Welt, sondern begleitet den Lebensweg eines jeden Menschen, der sich selbst erlösen will. Schon die alten Ägypter beschrieben dieses Schicksal des Menschen im Totenbuch, Spruch 166.

Schwalben wecken dich auf
der du schläfst
sie heben dein Haupt empor
zum Horizont.
Richte dich auf,
damit du über das triumphierst
was dir angetan wurde.

Mit ihren langen schmalen Flügeln und dem gabelförmigen Schwanz, der als Steuer dient, ist die Schwalbe einer der schnellsten und gewandtesten Flieger unter den Vögeln. Im pfeilschnellen Flug schießt sie sicher durch Mauerlücken, Torbögen und Stallfenster. Selbst das Trinken und Baden besorgt sie im Flug, wenn sie über dem Wasserspiegel dahinstreicht. Ein wunderschönes Gleichnis für die Freiheit, die uns innewohnt, wenn wir über das siegen, was uns als Kind angetan wurde.

FREIHEIT.
WIE TRÄUME UNS LEHREN,
DIE LIEBE ZU BEFREITEN
GEFÜHLEN ZU LEBEN

Wenn es um meine eigene Freiheit ging, habe ich über die Jahrzehnte gelernt, nach Gedanken zu suchen, die neues Leben in mir entstehen lassen. Ich bin dabei immer den kleinsten Impulsen gefolgt, wenn ich spürte, sie könnten mir Befreiung schenken und meiner Sehnsucht nach Lebendigkeit entsprechen. Als ich mich aus Ängsten und deren Schutzhaltungen weitgehend befreit fühlte, träumte ich:

Ich sehe einen Baum – eine Fichte –, sie fällt plötzlich um und schüttelt die Erde von ihren Wurzeln ab. Dann verlässt sie ihren Platz, an dem sie steht, und zieht beim Weggehen eine Furche. Diese Furche wächst langsam zu.

Eine Fichte, die ihre Wurzeln aus der Erde zieht und weggeht? Welch kurioses Bild. Wie können wir das verstehen? Bäume gleichen Erkenntnisprozessen, die wir zu unserer Selbstgestaltung brauchen. Dazu befähigt sie die Photosynthese, bei der das Licht der Sonnenenergie in den Baum eindringt. Gehen wir der Besonderheit von Nadelbäumen nach, erkennen wir, dass sie ihre Blätter nicht entfalten, sondern nadelförmig zusammenrollen. Und diese Nadeln erneuern sich nur alle fünf bis sieben Jahre. Sie gleichen den eingeschränkten Erkenntnisprozessen eines Kindes, das sich aufgrund seiner Ängste nicht voll entfalten kann. Ich konnte endlich den dunklen Fichtenwald verlassen und wandte mich dem lichtdurchfluteten Wald der Laubbäume zu, die ihre Blätter alle Jahre wechseln. In dieser Lebendigkeit wollte ich auch leben.

Differenzierte Botschafter in Träumen, die uns helfen, uns aus unfreien Gedanken und Gefühlen zu lösen, sind oft Tiere. Als ich auf dem Weg der Selbstbefreiung war, wachte ich einmal mit dem Kinderlied auf:

»Alle Vögel sind schon da, alle Vögel, alle.«

Und hörte dazu die Worte:

»Leben ist auch in dir dabei, eine Heimat finden zu wollen.«

Die Fähigkeit zu fliegen ist im Traum natürlich ein verheißungsvoller Hinweis auf die Leichtigkeit, die in unser Leben einziehen will oder gerade eingezogen ist. Vögel, so sagte mir ein Traum, sind wegweisende Helfer. Sie schildern uns unsere kleinen und großen Selbstbefreiungskräfte.

Wie habe ich schmunzeln können, als ich dann eines Tages die Frage träumte:

»Was ist ein Saurierklub?«, und die Antwort im Traum bekam: »Die mit viel Gewicht fliegen können.«

Ich konnte es bis dahin kaum glauben, dass die schweren Saurier wirklich fliegen konnten und nun dieser gewichtige Hinweis. Er munterte mich auf, auch schwere Aufgaben mit innerer Leichtigkeit zu meistern.

Einen Weg der Befreiung weist auch ein Traum, in dem ein Träumer

einen Elefanten sieht, auf dem ein blauer Vogel sitzt und singt.

Ich beschrieb schon im Kapitel »Kreativität«, dass Elefanten ein Gleichnis für unsere Selbsterlösung auf dem Weg durch den Dschungel des Lebens

sind. Der uralte Riese zeigt uns erstaunliche Eigenschaften: Er lebt in einer Gemeinschaft, die sich gegenseitig liebevoll unterstützt. Er ist ein Wasser-
sucher, der Wasser auch tief in der Erde findet und
freilegt. Wasser ist *das* große Gleichnis zur Klärung
unserer Gefühle. Elefanten brauchen unter ande-
rem deshalb so viel Wasser, weil sie sich ständig von
Insekten reinigen müssen, die sie quälen – so wie wir
uns von Gefühlen und Gedanken befreien müssen, die uns peinigen. Wir sprechen immer von der
»dicken Haut« des Elefanten. In Wahrheit ist diese
aber an manchen Stellen sehr dünn und empfindlich.
Der Elefant hat zudem ein hervorragendes Gedächtnis – nicht nur für die alten Wege, die er schon
gegangen ist, sondern auch für Verletzungen, die
ihm von Menschen zugefügt wurden. Dann rächt er
sich zuweilen auch noch nach langer Zeit an diesem
Menschen. Alte Verletzungen begleiten auch uns
sehr lange, und sie begegnen uns im Traum, damit
wir lernen, durch sie nicht etwa in zerstörerische
Aggression zu verfallen, sondern einen Weg zu finden, der die Verletzung auflöst. Und je nachdem, in
welcher Verfassung der Elefant im Traum ist, erfahren wir, wie weit wir auf unserem Selbsterlösungsweg schon gekommen sind. Kehren wir darum zu
dem Traum zurück.

Wenn ein blauer Vogel auf einem Elefanten singt, hat sich der Träumer von einer Belastung befreit. Denn Blau ist die Farbe des Himmelszeltes, das unsere geistige Freiheit zum Ausdruck bringt. Der Träumer hatte offenbar erkannt, durch welches neue Verhalten er sich so wohlfühlen kann.

Doch der Weg zu solchen Befreiungen ist oft durch hartnäckige Widerstände gefährdet. Ein häufig auftretender Widerstand ist der Zeitdruck. Dazu will ich noch einmal Elefant und Vogel als Schauspieler auf einer anderen Traumbühne beleuchten: Eine Schriftstellerin geriet in Zeitdruck, weil sie ihr neues Buch nicht so schnell vollenden konnte, wie sie es sich vorgenommen hatte. Ihrem Ehrgeiz, es doch noch zu schaffen, drohte eine Niederlage. Das belastete sie sehr. Da träumte sie:

In unserem Garten sitzen eine Ente und ein kleiner Hund an der Leine.
Dann jagt ein Rudel Hunde einer Gruppe von Radfahrern hinterher – Tour de France. Hinter den Hunden fahren noch weitere Radfahrer.
Ich denke: Die armen Radfahrer. Wenn es jetzt eine Dopingkontrolle gibt, haben die viel zu viel Testosteron im Blut.
Dann sehe ich zwischen Bäumen eine Gruppe Elefanten.

Hund und Elefant sind uns schon vertraut. Und welche Kraft beschreibt die Ente? Ihre besondere Leistung ist es, tief auf den Grund des Gewässers zu tauchen, um sich dort ihre Nahrung zu holen. Zugleich ist sie ein ausgezeichneter Flieger. Die erste Szene fordert die Träumerin daher auf, sich Zeit zu lassen, tief genug, wie die Enten, in das Wasser ihrer Gefühle einzutauchen, um neue Nahrung für ihr Buch zu finden. Diese Liebe ist sie sich selbst als Schriftstellerin schuldig. Darum soll sie ihren Hund – das Sinnbild für die Liebe und Treue, die wir uns selbst schuldig sind – an die Leine nehmen.

Aber anstatt wachsam zu sein, glaubt sie, sie müsse die Tour de France durch unermüdlich schnelles Schreiben gewinnen. Und gerät so in ein Wettrennen mit der Zeit. Aggressiv gegen sich selbst jagt sie unbarmherzig vorwärts. Doch das ist keine natürliche Leistung mehr, sondern artet in einen Betrug an sich selbst aus. Sie hat entschieden »zu viel Testosteron im Blut«. Die Elefanten zeigen, dass ihr diese Selbstüberforderung schon seit ihrer Kindheit vertraut ist, und mahnen sie, die alten Dschungelwege nicht mehr zu gehen.

Alle Träume lenken uns darauf hin, dass wir für unser Wohlgefühl selbst verantwortlich sind. Als ich eines Tages mit einer Gruppe über die Annahme eines Politikers diskutierte, der behauptete, dass alle Menschen Nachahmer seien, und ich mich dagegen wehrte, träumte ich in der folgenden Nacht:

Ich sah, wie ein Huhn einen Brotkorb schnappte und mit diesem davonlief. Dann kam ein zweites Huhn und schnappte sich wieder einen Brotkorb und lief davon. Und nun kamen immer mehr Hühner, die sich auf gleiche Weise ihre Beute holten.

Der Traum zeigt im Sinnbild der den Brotkorb klauenden Hühner, dass nur die Menschen zu Nachahmern werden, deren eigene Freiheit zu klein geblieben ist, das heißt, die statt zu fliegen nur flattern können wie die Hühner. Nur jene haben es nötig, das, was andere zu Brot gebacken haben, zu klauen. Sich also Ansichten, die andere durch Nachdenken erworben haben, ohne eigene Stellungnahme anzueignen. Wer kein Nachahmer sein will, muss kreativ werden, selbst denken und sich um eigene Einsichten bemühen.

In der Zeit, in der ich mich aus dem engen Pflichtenkreis der Klinik befreite und meiner Traumarbeit mehr Zeit einräumte, lernte ich, Verantwortung an die Mitarbeiter der Klinik abzugeben. Dazu brachte mir ein Traum eine Botschaft, die zugleich den Schicksalsweg der Menschheit schildert:

Die Welt wurde flügellos geboren und wird flügellos bleiben,
solange …
Dann sagte ich zu einer Frau vor anderen Menschen, dass
sie nur das tun solle, was sie wirklich wolle.
Sie war danach verschwunden und kam jetzt wieder in
einem über und über mit kleinen bunten Blumen übersäten
Kleid.

Wenn wir flügellos geboren werden, müssen wir Menschen offenbar lernen, wie wir es schaffen, dass unsere Gefühle leicht werden – wie wir »fliegen« lernen. Der Traum weist mich darauf hin, dass mir diese Flügel nur wachsen, wenn ich das tue, was ich wirklich will, anstatt mich in Pflichtvorstellungen zu verlieren. So nur kann ich mein Leben zum Blühen bringen, meine Wünsche weben und mich mit ihnen neu bekleiden. Das beschreibt das mit bunten Blumen übersäte Kleid.

Auf diesem Weg zu meinen Wünschen träumte ich natürlich auch immer wieder von Versäumnissen. Um die Freiheitsliebe einer Katze in mir nicht wieder zu verletzen, mahnte mich ein Traum:

Eine Katze mit Fuchsschwanz sucht nach Nahrung, die im
Eingang unseres Hauses unter dem Teppich für sie liegt. Sie
saugt die Nahrung darunter auf.

Wieder einmal hatte ich den Wunsch nach Zeit für mich unter den Teppich gekehrt! Um mich zu mahnen, wird meine Katzenkraft bei der Nahrungssuche von einem Fuchsschwanz gesteuert. Der Fuchs ist der Seelenführer des Kindes. Denn so wie der listige Fuchs sich unterirdische Fluchtröhren baut, um seinen Jägern zu entkommen, baut sich das Kind unbewusste Schutzhaltungen, um seinen Ängsten zu entrinnen. Nur mühsam gewann ich daher die unter den Teppich gekehrte Nahrung für mein Wohlgefühl wieder.

Ein anderes Tier, das Verhaltensweisen, die in Reaktion auf unsere Kinderängste entstanden sind, widerspiegelt, ist das Nilpferd. Die alten Ägypter haben den Gott des Chaos zuweilen auch als Nilpferd dargestellt. In ihren Mythen spielt der Kampf des Falkengottes Horus gegen den Gott des Chaos Seth eine zentrale Rolle. Warum eignet sich gerade das Nilpferd dazu, ungeklärte emotionale Verhaltensweisen zu schildern? Nilpferde leben den größten Teil ihrer Zeit unter Wasser. Sie bewegen sich häufig am Grunde des Flusses. Sie können dort untereinander sehr aggressiv werden und schlitzen sich dann gegenseitig die Bäuche auf. Nachts ziehen sie über die Felder und verwüsten sie.

Als ich anfing, mein Lehrbuch zu schreiben, hatte ich natürlich noch immer mit den Überbleibseln meiner alten Angst zu kämpfen: Ich hatte Angst davor, nicht gehört zu werden. Ein Nilpferdtraum lockte mich dazu, leichter zu schreiben, indem er die Nilpferdgöttin der altägyptischen Mythen ins Spiel brachte. Diese Nilpferdgöttin hat das Chaos überwunden, weil sie die magischen Schutzkräfte der Kindheit erkannt hatte. Darum wurde sie in den Mythen die Vorsteherin des Ammenhauses, der Geburtsstätte von neuem Leben. Ich träumte:

Ein Nilpferd bewegt sich ohne Flügel aufrecht durch die Lüfte. Es gleicht der Nilpferdgöttin im alten Ägypten.
Ein Professor kommt zu uns in die Klinik, um ein Rehabilitations-Programm zu beginnen.

Wunderbar – mein Nilpferd kann sich durch die Lüfte bewegen. Es war die Zeit, als ich mich aus meiner alten Angst, nicht gehört zu werden, befreite. Doch es galt, noch eine Lebenskraft beim Schreiben zu rehabilitieren. Wie schon an anderer Stelle beschrieben, hatte ich den Anspruch, auf keinen Fall sachliche Fehler zu machen und alles logisch wie ein Professor zu begründen. Dabei achtete ich nicht auf die sinnliche Gestaltung des Textes. Texte leben aber von der sinnlichen Kraft. Der Traum regte mich daher an, Schritt für Schritt tiefer in meine eigene Ausdrucksweise hineinzufinden.

Ich möchte nun versuchen, den Begriff der Selbstbefreiung, von dem immer wieder die Rede ist, anhand von Träumen zu erläutern, in denen Hunde und Pferde auftreten. Diese beiden Tierarten übernehmen eine besondere Rolle im Traum, denn sie sind dem Menschen sehr zugetan. Ein Traum kommentierte die seelische Bedeutung dieser beiden Tiergruppen mit den Worten:

Der Hund ist der Helfer, die Freiheit zu finden, und das Pferd ist die Vitalität, sie zu leben.
Es geht um das Reiten in der Welt.

Rudolf Binding, der die »Reitvorschriften für eine Geliebte« schrieb, drückte das so aus:

»Viele hindern ihr Pferd daran, sein Bestes zu geben und es zu zeigen. Alles bleibt in ängstlichstraffen Zügeln. Wer kleinlich und pedantisch ist und Winkelzüge macht, wer unklaren Geistes ist, wer zweifelt und verneint, reitet schlecht. Wer vorwärts will, wer das Leben sucht, wer die Ferne liebt, wer Gebieter – zumeist Gebieter seiner selbst – und gesammelt ist, wer sich vertraut, reitet wirklich. Reiten ist dann eine wahre Freude, wenn du durch eine lange Schule der Geduld, der Feinfühligkeit und Energie gegangen bist, die dir das Pferd erteilt. Dann trägt dich das sympathischste, gefühlvollste Tier der Schöpfung.«

Alle diese Reitvorschriften können wir auf das emotionale Verhalten des Menschen übertragen. Der Verlust an Leben ist groß, wenn uns die emotionale Klarheit fehlt, im lebendigen Kontakt mit unseren Freiheitswünschen zu bleiben.

Ein Arzt, der es vermied, neue, wertvolle medizinische Ideen öffentlich darzustellen, um nicht angegriffen zu werden, träumte:

Lebensimpulse können untergehen, wenn wir uns nicht von ihnen ermahnen lassen. Bei diesen Worten saß er mit gesenktem Kopf auf einem stehenden Pferd – nicht bereit, sich zu bewegen.

Wir wissen bereits aus anderen Träumen, dass Ängste aller Art unsere Kraft blockieren, uns so zu zeigen, wie wir uns fühlen. So mahnte ein Traum eine Frau, ihre Schutzhaltung aufzulösen. Sie sehnte sich danach, ein Buch zu schreiben, verlor aber immer wieder das Vertrauen, ihr Anliegen anschaulich genug darstellen zu können. Da träumte sie:

Es ist früh am Morgen. Die Sonne geht strahlend hell auf. Ich besteige ein Pferd und will nach Bayreuth reiten, um dort eine Aufführung der Meistersinger zu besuchen.
Da sagt mir jemand, ich müsse über meinen Geburtsort, der nahe der französischen Grenze liegt, reiten, sonst würde ich nie in Bayreuth ankommen.

Wenn die Sonne im Traum strahlend aufgeht, verheißt sie, dass Licht und Wärme in die Träumerin einziehen können. Doch um das zu erreichen, soll sie einen Umweg über ihren Geburtsort in Kauf nehmen. Denn wenn sie sich als Wagners »Meistersinger« erleben will, kann sie ihre vitalen Gefühlskräfte nur wecken, wenn sie sich auf die Zeit ihrer Kindheit besinnt, in der sie noch völlig unbefangen, so ganz aus ihrem Gefühl heraus, auf ihre Umwelt reagierte.

Diese Fähigkeit hatte sie in ihren Jugendjahren unter den abwertenden Bemerkungen ihrer Mutter verloren, denn die Mutter war eine rational betonte Frau, die jede Art von Gefühlsüberschwang streng verurteilte. Um die Liebe ihrer Mutter nicht zu verlieren, hatte sie gelernt, Gefühle nicht mehr auszusprechen. Bücher aber, denen es an Ausdruck von Gefühlen fehlt, sind trocken wie ein Kaktus ohne Wasser. Da blüht beim Lesen keine Liebe zum Thema in uns auf. So erfuhr die Träumerin, dass sie nur zum Meistersinger werden kann, wenn sie – wie Richard Wagner – aus ihren Gefühlen keinen Hehl macht.

Ängste haben viele Gesichter. Ich erinnere das Traumbild einer Frau,

in dem sie eine Person sah, die vier Pferde führte. Plötzlich liefen ihr drei davon weg. Sie liefen zurück zur Herde, die in einer dunklen Box auf der Weide stand.

Was sagt uns die Zahl Vier? In ihr geht es – wie schon beschrieben – um vier Schritte, die wir gehen müssen, um einen Wunsch zu erkennen, der uns Freude und Befriedigung verspricht und dem wir Gestalt geben wollen. Im ersten Schritt fühlen wir unser Unbefriedigtsein und machen uns auf die Suche nach Veränderung. Im zweiten Schritt erkennen wir den Widerspruch in unserem Gefühlsleben, der uns blockiert, im dritten Schritt befreien wir uns von den blockierenden Gefühlen und Gedanken und gehen auf den Wunsch zu. Und im vierten Schritt machen wir uns bewusst, auf welche Weise wir den Wunsch verwirklichen könnten.

Die Träumerin haben wir schon auf S. 132 kennengelernt – eine Malerin. Sie malte besonders ausdrucksvoll Tiere – darunter bevorzugt Pferde. Doch immer und immer wieder opferte sie ihre ganze Zeit der Organisation ihrer Familie, sodass sie, anstatt mit ihrer Liebe und Vitalität als Künstlerin auf die Weide zu gehen, ihre Gefühle einpferchte. Völlig überzogene Pflichtgefühle zementierten ihre Freiheit. Die drei Pferde, die in die dunkle Box auf der Weide entlaufen waren, stehen für die Schritte zwei bis vier. Ihr blieb nur das erste Pferd – der erste Schritt –, das heißt, nach Harmonie suchen zu wollen.

Noch ein anderes Beispiel: Viele Menschen erleben ihre Pensionierung als Hürde, über die sie versäumen, sich neue erfüllende Lebensziele zu setzen. In einer solchen Situation griff ein Pferdetraum ein, um einem Mann seine stagnierende Kreativität vor Augen zu führen. Er träumte:

Ich bin in einem Großraum-Cargo-Flugzeug. Dort füttere ich in großer Flughöhe mit leidenschaftlicher Hingabe zahlreiche Rassepferde, die dort trotz der ungewöhnlichen Enge geduldig und lammfromm nacheinander auf ihre Futterration warten.

Der Träumer kam gerade aus Amerika und war noch ganz erfüllt von dem Erlebnis auf einer Pferdefarm. Der Traum nimmt dieses Erlebnis zum Anlass, um ihm vor Augen zu führen, dass er nach seiner Pensionierung seine vitalen Gefühlskräfte, die sich, solange er als Kameramann gearbeitet hatte, gewissermaßen zu kraftvollen Rassepferden hatten entwickeln können, jetzt unentschlossen in seinen Gedanken gefangen hielt. Denn der Flug durch die Luft symbolisiert den Weg durch Gedanken, die nach Bewusstwerdung drängen, um Freiheit zu finden. Der Träumer fühlt zwar, dass er nach der Freiheit suchen sollte, durch die er seinen Gefühlen, die er in seinem Beruf immer gelebt hatte, wieder die Sporen geben kann. Aber noch ist er ohne Zielvorstellung, wie er seine Vitalität zu neuer Begeisterung entfachen könnte. Der Traum muntert ihn auf, sich endlich einen Landeplatz zu suchen, um seine Pferde freizulassen, anstatt sich lammfromm mit der Situation abzufinden.

Wie kann nun ein Hund helfen, solche Blockaden aufzulösen?

Der Hund ist ein Erbe der Wölfe. Konrad Lorenz beschreibt die Anhänglichkeit eines Hundes an Menschen als die gleiche Gefolgschaftstreue, die ein Wolf dem Leittier seines Rudels bezeugt. Durch die Domestizierung ist der Mensch das Leittier des Hundes geworden. Aus dieser Treue entsteht im Hund großer Kummer, sobald er seinen geliebten Herren vermissen muss. Das bezeugt er zuweilen mit schmerzvollem Wolfsgeheul, aber genauso leidenschaftlich zeigt er geradezu übermütige Freude beim Wiedersehen. Denn das höchste Glück des Hundes ist es, wenn er seinen Herrn überall hin begleiten darf.

So ist der Hund – wie schon beschrieben – aufgrund seiner Eigenschaften ein Gleichnis für die Liebe und Treue, die wir uns selbst schuldig sind, um glücklich werden zu können. Die verschiedenen Hunderassen stehen darüber hinaus für einen unglaublichen Reichtum an seelischen Kräften. Hunde können äußerst gelassen, gutmütig, verspielt, lebhaft, intelligent, mutig, diplomatisch, frech und temperamentvoll sein, aber sie zeigen die gleichen negativen Eigenschaften, die auch dem Menschen anhaften. Konrad Lorenz beschreibt diesen Gegensatz zwischen Unterwürfigkeit und Souveränität durch unzählige Übergänge in den Gefühlen von Selbstsicherheit bis Furcht: zwischen Imponieren und Ergebenheit, zwischen Angriff und Verteidigung.

Solange wir uns selbst nicht treu sind und uns lieben, wird der Hund in Träumen nicht als Wächter unserer Freiheitsgefühle auftreten. Dann erleben wir ihn vielmehr von seiner aggressiven oder von seiner resignativen Seite. In solchen Situationen entschlüpfen uns im Alltag Koseworte wie »hundsgemein, blöder Hund, feiger Hund«, oder wir fürchten gar, »vor die Hunde zu gehen«.

Nehmen wir dazu einmal Anteil an dem Traum einer Frau, die die Treue zu sich selbst immer wieder verletzen musste. Sie träumte:

Ich sehe einen langen Gang. Er gleicht einem Hotelgang. Ich laufe ihn entlang, plötzlich sehe ich einen Mann nackt an der Decke hängen. Ein anderer steht vor ihm und versucht, ihn mit seinen Klauen zu verletzen. Er hat dabei ein verzerrtes Gesicht. Sowohl der Raum wie die beiden Gestalten sind gleißend weiß.
Ich laufe in Panik davon – an beiden vorbei und komme in einen Raum, in dem viele nackte Rücken – sitzend gebeugt von hinten – zu sehen sind.
Es sind alles nackte Frauen.
Und plötzlich sehe ich, wie Hunde an ihren Brüsten zerren und fressen. Es ist ein grauenvoller Anblick.
Ich wache auf, schweißgebadet, und zwinge mich, wach zu bleiben, um alles zu erinnern. Ich kann kaum atmen.

Um dem Traum auf die Spur zu kommen, spielte sich zwischen der Träumerin und mir folgender Dialog ab:

»Erzählen Sie, was ging diesem entsetzlichen Traum voraus? Kennen Sie das Hotel, den Schauplatz des Geschehens?«

»Der Gang erinnert mich an einen gemeinsamen

Aufenthalt mit Freunden in einem Hotel. Ich war ärgerlich, weil alles, was wir an diesem Ort besichtigen wollten, geschlossen war. Vergeudete Zeit. Ich war enttäuscht und wütend über die Fehlplanung der Kolleginnen. Dieses Hotel hatte den gleichen Gang ohne Fenster – wie im Traum.«

»Hatte Sie denn am Tag vor dem Traum eine ähnliche Wut und Enttäuschung gepackt?«

»Oh ja, aber sie war noch viel, viel heftiger. Es war Wut und Verzweiflung darüber, dass sich mein längst erwachsener Sohn immer wieder auf meine Hilfe verlässt und keinen Beruf ergreift. Ich weiß nicht mehr, was ich machen soll. Er ist immer noch auf mich angewiesen.«

»Sie fühlen sich für ihn verantwortlich?«

»Ich gehe deshalb vor Wut zwar an die Decke, aber ich denke, ich darf ihn doch nicht im Stich lassen?«

»Sehen wir einmal, wie der Traum das sieht. Kennen Sie die Männer aus dem zweiten Bild?«

»Nein.«

»Sie haben vorhin gesagt, dass Sie am Tag zuvor vor Wut an die Decke gegangen sind – das tat auch der nackte Mann in Ihrem Traum.«

»Ja, aber wer ist der andere Mann, der ihn mit seinen Klauen verletzen will und so ein wutverzerrtes Gesicht hat?«

»Was tun Sie denn, nachdem Sie vor Wut an die Decke gegangen sind?«

»Ich bereue meinen Ausbruch und bin wütend gegen mich selbst, weil ich wieder so in Panik geraten bin und so unkontrolliert gehandelt habe.«

»Und genau deshalb sind Sie im Traum auch der zweite Mann, der denjenigen, der vor Wut an die Decke gegangen ist, wutverzerrt angreift.«

»Ja, das kann ich gut nachfühlen!«

»Es ist Ihnen offensichtlich bewusst, dass das nicht der richtige Weg sein kann, um Ihr Problem zu lösen, denn der Raum und die Gestalten sind gleißend weiß – und das ist die Farbe des Lichtes.«

»Aber was kann ich tun? Ich habe solche Angst, keine gute Mutter zu sein. Ich komme aus dem Zwiespalt nicht heraus.«

»Schauen Sie sich einmal dazu das vierte Bild an: Da sitzen offenbar viele Mütter, deren Rücken gebeugt sind. Auch sie sind alle nackt. Sie haben sich keinen Schutz weben können.«

»Es ist eben das Los der Mütter, so zu fühlen und zu denken, nicht wahr?«

»Nein, so einfach ist das nicht. Der Rücken weist in Träumen immer auf die Vergangenheit hin. Auf das, was hinter uns liegt. Haben Sie sich denn in Ihrem Leben schon immer so verhalten? So selbstlos?«

»Sie meinen, dass ich schon immer Verantwortung für andere übernommen habe?«

»Ja.«

»Oh ja, schon als sechsjähriges Mädchen musste ich für meine drei jüngeren Geschwister sorgen. Das war für meine Mutter total selbstverständlich.«

»Einem sechsjährigen Mädchen kann man doch noch nicht eine solch große Verantwortung aufbürden. Sehen Sie, dass Sie diese Verpflichtung nie in sich aufgelöst haben und darum nicht genug für sich selbst sorgen dürfen?«

»Aber was wollen diese schrecklichen Hunde mir sagen, die an den Brüsten fressen?«

»Der Hund ist der Bewacher seines Herrn. Er ist ihm in Liebe und Treue ergeben. Aber wie sieht Ihre Liebe und Wachsamkeit für sich selbst aus? Sie geben Ihrem Sohn aus Schuldängsten viel zu viel die Brust. Sie verhalten sich selbstzerstörerisch. Wenn Sie Ihre Schuldgefühle auflösen lernen, werden Sie auch nicht mehr aggressiv gegen sich selbst werden müssen und von Ihrem Sohn Fairness verlangen können, ohne in Wut zu geraten.«

Das Entsetzen der Träumerin über den Traum erfüllte sie endlich mit der Gewissheit, dass sie ihre Mutterrolle neu überdenken durfte, um sich selbst nicht mehr zu gefährden. Sie nahm all ihren Mut zusammen, um ihre Selbsttäuschung zwischen Gut und Böse zu entlarven. So lernte sie, die Beziehung zu ihrem Sohn in neuer Weise zu gestalten.

Ich möchte nun noch einen Traum des Arztes erzählen, der in seinem Pferdetraum auf S. 234 hörte:

Lebensimpulse können untergehen, wenn wir uns nicht von ihnen ermahnen lassen.

Zu dem gleichen Konflikt, seine neuen medizinischen Ideen nicht öffentlich vertreten zu wollen, hatte er noch einen anderen Traum:

Ich sah meinen Schäferhund. Er streckte die Schnauze senkrecht nach oben in den Himmel. Die Schnauze wurde dabei immer länger und länger.
Danach sah ich mich als Lakai.
Dann nahm ich ein Fernrohr zur Hand.
Und nun erschien eine Schlange mit dem Kopf einer Maus.
Schließlich sah ich auf meinem Balkon Weinreben, verzweigt in einem großen Blumentopf. Sie hatten vergoldete Zweige und mehrere vergoldete Beeren.

Wie können wir so verschiedene Bilder logisch zu einer Aussage miteinander verbinden, sodass wir das Problem, das widersprüchliche Verhalten und den Weg zu einer Lösung erkennen? – Wir werden sehen!

Im ersten Traumbild sehen wir den Schäferhund, der seine Schnauze, immer länger werdend, gen Himmel streckt. Ein anrührendes Bild der Sehnsucht des Träumers, die Freiheit zu finden, die er für die Entwicklung seiner Ideen braucht. Denn der Luftraum ist ein Gleichnis für unsere geistigen Kräfte, sich Leben und Freiheit bewusst machen zu können, um unseren Ideen Raum zu schaffen.

Im zweiten Bild, in dem stets die Ambivalenzen im Fühlen und Denken beschrieben werden, sieht sich der Träumer als Lakai – das heißt, er dient den Anforderungen der herrschenden Medizin, anstatt für seine neuen Ideen zu kämpfen.

Im dritten Bild nimmt er ein Fernrohr zur Hand – als Zeichen dafür, dass er hofft, in weiter Ferne doch noch eine Lösung für seine Wünsche zu finden.

Im vierten Bild, wo es um die Gestaltung eines Wunsches geht, taucht nun die Schlange mit dem Kopf einer Maus auf. Die Schlange spiegelt mit ihren Eigenschaften unseren Lebenstrieb wider. Schauen wir uns einige ihrer augenfälligen Eigenschaften noch einmal an:

Eine Schlange kann sich nur gegen Widerstand bewegen, auf glatten Flächen kommt sie nicht vorwärts. Auch wir brauchen Widerstände, um uns unseren Zielen zu nähern, denn ohne Widerstände verlieren wir uns in unendlichen Möglichkeiten.

Eine Schlange nimmt den Duft ihrer Beute mit gespaltener Zunge wahr. Mit ihrer Hilfe prüft sie im Gaumen die Widersprüchlichkeit dessen, was schmeckt und was nicht schmeckt.

Entschlüsseln wir dieses Gleichnis, so heißt das: Wir müssen unseren Lebenstrieb als eine Aufforderung verstehen, uns immer wieder neu entscheiden zu müssen, das zu verdauen, was unsere Freiheit noch stört.

Das, was die Schlange erbeutet, verdaut sie total bis auf die Knöchelchen. Die gleiche Gründlichkeit brauchen auch wir, um unsere emotionale Nahrung zu verdauen, denn sie bestimmt unser Wohlbefinden.

Erstaunlicherweise wachsen Schlangen ihr ganzes Leben lang. Das kann auch unserem Lebenstrieb gelingen, wenn wir uns immer wieder emotional auf neue lebendige Prozesse einlassen.

Verblüffend ist in diesem Traum der Mäusekopf der Schlange – aber zugleich naheliegend, wenn wir den Widerspruch im Träumer betrachten. Er versteckt sich mit seinen Ideen, zeigt sich nicht der Öffentlichkeit – genauso wie eine graue Maus, die ins Dunkle flüchtet, sobald sie sich verunsichert fühlt.

Die kreative Suche des Träumers kann so nicht weitergedeihen. Hierfür steht das letzte Bild des Traumes, wo auf dem Balkon Weinreben mit vergoldeten Zweigen und vergoldeten Weinbeeren heranreifen. Schließlich macht der Träumer seinen Schatz an kreativen Erkenntnissen, die er nur im Schutz seines Balkons hegt, der Öffentlichkeit nicht zugänglich.

Wofür stehen die Pflanzen im Traum?

Erinnern wir uns daran: Pflanzen fangen die Sonnenenergie ein und sind ein Gleichnis für wachsende Erkenntnisprozesse. Und Weinstöcke, an denen goldene Beeren reifen, beweisen, dass der Träumer eine kostbare schöpferische Idee hat, die aber verloren zu gehen droht, wenn sie nicht in der realen Welt erprobt und weiterentwickelt wird.

Immer wieder bekommen wir in Träumen auch klare Hinweise, was der Weg in die Freiheit von uns Menschen verlangt. So hörte ich in verschiedenen Träumen diese eindringlichen Worte:

Lieben ist so leicht nicht, der Mensch ist der, der sich ständig häuten muss (wie die Schlangen).

Es sind die disharmonischen Gefühle, die uns den Weg öffnen. Sie sind nur dazu da, den göttlichen Kern des Menschen freizulegen.

Wenden wir uns zum Abschluss noch einem Traum zu, in dem der Hund tatkräftig als Helfer auftritt, um die Freude am Leben wiederzufinden. Es ist der Traum einer Frau, die als außereheliches Kind in ihrer Familie unter dem Gefühl, unerwünscht zu sein, sehr gelitten hat. Dieses Gefühl hat sie mit in ihr Erwachsenenleben genommen. Träume halfen ihr, ihr Selbstvertrauen zu suchen und wiederzufinden. Auf diesem Weg träumte sie:

In einer kleinen Kapelle auf Stelzen findet eine Trauung statt. Die ganze Hochzeitsgesellschaft ist in der Kirche. Die Tür ist geschlossen.
Vor der Türe liegt ein großer Hund, er sieht aus wie ein Bernhardiner und hat ein krauses, rosafarbenes Fell.
Dieser Hund ist der Bräutigam.
Ich rede mit ihm und kraule ihn zärtlich, dabei spüre ich viel Liebe.

Der Traum zeigt, dass sie dabei ist, die Liebe und Treue zu sich selbst zu »heiraten«. Zeit ihres Lebens hatte sie darunter gelitten, unerwünscht zu sein und abgelehnt zu werden. Schuldängste plagten sie, den Frieden der Familie durch ihre Außerehelichkeit zu stören. Und die Schamangst, nicht zu genügen. Da entdeckte sie als Kind den Notausgang, sich unwichtig machen zu können, und verdrängte ihre Gefühle. Nun entdeckt sie, wie schön es ist, sich selbst lieben zu dürfen. Das Rosa des Hundefells ist die Farbe ihrer beginnenden Gefühlskräfte, und sie spürt, wie sie durch ihre Treue in einen zärtlichen Kontakt mit sich selbst gekommen ist. Bernhardiner sind Such- und Rettungshunde, die Menschen das Leben retten, wenn sie verschüttet wurden. Auch Ängste verschütten einen Menschen. Bernhardiner sind klug und gutmütig – welch schönes Bild für die Hochzeit mit sich selbst. Noch ist die Kirchentüre verschlossen, doch die in der Kirche versammelten Menschen spiegeln schon die Fülle an Freunden, die sie inzwischen gewonnen hat und die sie freudig erwarten.

Um das Leben lustvoll erobern zu können, gab mir ein Traum folgenden Hinweis:

Drei Eigenschaften muss man sich erworben haben:
* *neues Leben suchen;*
* *nicht essen, was nicht schmeckt;*
* *reiten.*

Zum Abschluss möchte ich Ihnen einen der seltenen Traumtexte mitgeben, die ich in der Nacht zwischen zwei und vier Uhr im halbwachen Zustand bekomme, wenn ich sehr aufmerksam nach innen lausche.

Leben ist nicht lustig, sondern es ist lustvoll.

Leben ist nicht Lachen, sondern lachendes Leben.

Leben ist anders, als du dachtest.

Du bist von der Arbeit daran gegangen, gehe nun mit dem Wunsch zu leben daran.

Denn Leben ist Liebe und nicht Fleiß.

Leben will nicht, dass die Ängste bleiben zu leben, sondern dass die Ängste lehren zu leben.

Leben will nicht mehr so verloren gehen.

Leben will nicht mehr so traurig sein.

Leben will nicht mehr so verletzt werden.

Leben will das alles nicht, Leben will wahres Leben sein.

Und darum sagt das Leben zu dir: »Ich bin das Leben, für das du dich entscheiden sollst.«

»Ich bin das Leben, das du erlösen sollst.«

Und es sagt dazu: »Ich will dich nicht aufhören lassen, mich zu suchen. Aber wenn du dich nicht entscheidest, leben zu wollen, bleibe ich in dir als Tod.

Du bist du, du musst mich suchen.

Denn ich bin ich, das Leben.

Du und ich sind die besten Freunde, die sich finden können.«

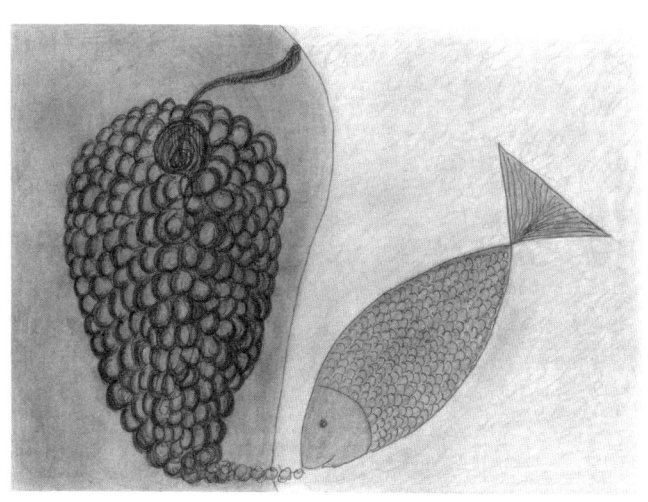

ANHANG

Träume im Spiegel der Natur

Das Wasser

beschreibt im Gleichnisdenken den sich ständig klärenden Kreislauf der Gefühle. Es sind die Klärungen,
die auch der Fluss unserer Gefühle braucht, damit wir
uns wohlfühlen können. Das Salzwasser der Meere –
das Gleichnis für die unbewussten Gefühle – und das
Süßwasser der Flüsse und Seen – das Gleichnis für die
bewusstseinsnahen Gefühle – sind im ständigen
Kreislauf auf dem Weg durch die Luft verbunden.

Die Luft

ist in diesem Klärungsprozess das Gleichnis für unsere geistigen Kräfte. Der Sauerstoff der Luft befähigt
uns zum Denken, um uns Leben bewusst machen zu
können. Der Himmelsraum, der sich über die Erde
spannt, weckt in uns die Sehnsucht nach Freiheit, die
wir uns täglich erhalten oder uns neu bewusst machen
müssen.

Die Erde

und all ihre Bodenschätze sind ein Gleichnis für unsere schöpferischen Möglichkeiten.

Die Sonne

spendet die Energie für alle Lebensprozesse. Sie erzeugt in ihrem Inneren Licht und Wärme und fordert uns im Gleichnisdenken auf, Harmonie – Licht und Wärme – in uns selbst zu erhalten.

Die Pflanzen

nehmen im Prozess der Photosynthese das Sonnenlicht auf und sind deshalb das Gleichnis für den Weg in die vielfältigen Erkenntnisprozesse, die der Mensch braucht, um sein Leben zu gestalten. Die Blüten sind das Gleichnis für aufblühende Wünsche, die sich zu Früchten entwickeln. Samen werden zu Bäumen, die sich Jahresring um Jahresring weiterentwickeln, bis sie ihre eigentliche Gestalt gefunden haben. So finden auch wir unsere Lebensgestalt.

Die Tiere

sind das Gleichnis für die große Vielfalt emotionaler Verhaltensweisen, die auch wir Menschen zeigen. Jedes Tier hat ein charakteristisches Verhalten und spiegelt uns eine spezielle emotionale Lebenskraft, die

Sonne
Suche nach
Harmonie erzeugt
Licht und
Wärme

Freiheitsraum

LUFT
Bewusstwerdung
durch Denken
und Ideensuche

Klärender Wasserkreislauf = klärender Gefühlskreislauf

Tiere
emotionale
Verhaltensweisen im
Gestaltungsprozess

Pflanzen
Erkenntnisse im
Gestaltungsprozess

ERDE

Schöpferischer Raum

fördernd oder hinderlich für uns ist. Zwischen Maus und Löwe, zwischen Spatz und Adler gibt es alle Stufen von Unfreiheit und Freiheit, die auch dem Menschen innewohnen.

Die Himmelsrichtungen

haben eine geistige Bedeutung: Der Süden bringt in Träumen neue emotionale Kräfte ins Spiel, der Norden die ordnende rationale Kraft dazu. So ist der Erdmagnetismus offenbar eine Metapher für die Aufgabe des Menschen, sich über neu entstehende

Bedürfnisse neue Gestaltungsmöglichkeiten bewusst zu machen. Die Ost-West-Richtung – der Sonnenlauf – entspricht dem Tagwerk zur Verwirklichung der gewonnenen Erkenntnisse.

Die Hauptfarben

Die menschliche Psyche spiegelt sich auch in den Farben der Natur wider:

Rot   die Farbe der Gefühle, abgeleitet vom Blut, das sich im ständigen Kreislauf klärt – so wie sich das Wasser zwischen Erde und Luft erneuert. Blut, Wasser und Gefühle nehmen dazu immer neuen Sauerstoff aus der Luft auf.

Blau   die Farbe des Denkens und der Bewusstwerdung von Freiheit, abgeleitet von der Zusammensetzung der Luft und der Weite des Himmelsraumes.

Gelb   die Farbe auf der Suche nach Harmonie, um Licht und Wärme in uns zu gewinnen, abgeleitet vom physikalischen Geschehen in der Sonne.

Grün   die Farbe zur Auflösung von widersprüchlichen Gefühlen, um unserem Leben die gewünschte Gestalt geben zu können, abgeleitet von den Pflanzen, ihrer Photosynthese und der Vielfalt ihrer Arten.

Weiß die Farbe für die innere Klarheit, bei der Fühlen und Denken übereinstimmen, abgeleitet aus dem Farbmodell, bei dem Weiß die Summe aller Farben ist.

Schwarz die Farbe des noch Unbewussten, abgeleitet vom lichtlosen Zustand.

Die Struktur der Träume

Träume bauen sich häufig in einer dreiteiligen Struktur auf; diese beinhaltet

- das Problemumfeld
- das Problemverhalten und
- die Problemlösungsschritte.

Die Zahlen 1 bis 9 im Traumgeschehen

1 Ich möchte eine Unzufriedenheit in mir überwinden und will dazu meinem Harmonieverlust auf den Grund gehen.

2 Dazu muss ich erkennen, welches Gefühl in mir Disharmonie auslöst, und mich entscheiden, dieses Gefühl nicht mehr leben zu wollen = Ambivalenzauflösung.

3 Aus dem Bedürfnis nach Befriedigung entwickelt sich dann die Erkenntnis, welcher Wunsch mir

helfen könnte, mein Leben erfreulicher zu gestalten.

4 Dann suche ich nach einer realistischen Gestaltungsmöglichkeit dieses Wunsches.

5 Danach beginne ich diese Erkenntnis zu leben, indem ich in Beziehungen zu anderen Menschen und den mich umgebenden Lebensbedingungen meinen Wunsch mit allen fünf Sinnen zu verwirklichen trachte.

6 Wenn mich Widerstände von außen daran hindern wollen, spreche ich meine Wahrheit klar aus und verteidige sie.

7 Wenn mir das nicht gelingt und ich nicht weiß, welche Angst mich noch hindert, muss ich in die Erinnerung gehen und den Zugang zu der Lebenskraft finden, die ich als Kind aus Angst in mir verschüttet habe.

8 Mit dieser wiedergefundenen Kraft kämpfe ich mir dann den Weg frei, um meinen Wunsch zu realisieren.

9 Die Ordnung zur Befriedigung des Freiheitsbedürfnisses ist mir jetzt vertraut und lenkt mein Tun.

Die aufgeführten Naturbilder, Farben und Zahlen finden Sie auch im Stichwortverzeichnis. Ebenso viele andere Traumbilder, zum Beispiel Personen, Gebäude, Fahrzeuge oder Materialien (nach Gruppen geordnet).

Wer tiefer in diese Methode der Traumarbeit Einblick nehmen möchte, findet in meinem Lehr- und Arbeitsbuch »Pflück Dir den Traum vom Baum der Erkenntnis – Träume im Spiegel von Naturgesetzen« zahlreiche weiterführende Erklärungen, wie ich die Bilder der materiellen Ebene auf die geistige Ebene übertrage. Zusätzlich gibt es die Doppel-DVD »Dem Traum des Lebens auf der Spur«, die zur Einführung in die Traumarbeit dient, und einen kleinen Band mit Texten aus Träumen: »Leben ist eine Kuh, die dauernd ihr Euter füllt«.

Weitere Informationen:

Bayerische Akademie für Gesundheit Lauterbacher Mühle Osterseen e. V.

www.bayerische-akademie.eu

bafg@gmx.net

Literaturverzeichnis

Atkins, P. W.: Im Reich der Elemente. Spektrum Heidelberg, Berlin 2000

Attenborough, David: Das Leben auf unserer Erde. Verlag Paul Parey, Münster 1979

Bayrhuber, Horst; Kull, Ulrich (Hrsg.): Linder Biologie. Lehrbuch für die Oberstufe. J. B. Metzlersche Verlagsanstalt, Stuttgart 1989

Benedetti, Gaetano: Botschaft der Träume. Vandenhoeck & Ruprecht, Göttingen 1998

Biedermann, Hans: Knaurs Lexikon der Symbole. Droemer Knaur, München 1998

Bonnet, Hans: Reallexikon der ägyptischen Religionsgeschichte. Walter de Gruyter, Berlin, 3. Auflage 2000

Brugsch, Heinrich: Religion und Mythologie der alten Ägypter. Zentralantiquariat der Deutschen Demokratischen Republik, Leipzig 1969

Ciompi, Luc: Affektlogik. Klett-Cotta, Stuttgart 1982

Cogger, Harold; Zweifel, Richard G. (Hrsg.): Enzy-klopädie der Tierwelt, Bildband »Reptilien und Amphibien«. Orbis-Verlag, München 2002

Dickerson, Richard E.; Geis, Irving: Chemie – eine lebendige und anschauliche Einführung. VCH-Verlagsgesellschaft, Weinheim 1986

Dröscher, Vitus B.: Ein Krokodil zum Frühstück. Ullstein, Frankfurt 1996

Eccles, John C.: Die Evolution des Gehirns – die Erschaffung des Selbst. Piper Verlag, München 1989

Egli, Hans: Das Schlangensymbol – Geschichten, Märchen, Mythos. Walter Verlag, Freiburg 1985

Ekrutt, Joachim W.; Winter, Rolf (Hrsg.): Die Son-ne – die Erforschung des kosmischen Feuers. GEO im Verlag Gruner und Jahr, Hamburg 1991

Emmermann, Rolf; Ollig, Reinhold (Hrsg.): Planet Erde – Welt der Geowissenschaften: Feuer, Wasser, Erde, Luft. Verlag Wiley-VCH, Weinheim 2003

Greene, Harry W.; Fogden, Michael u. Patricia: Schlangen – Faszination einer unbekannten Welt. Birkhäuser Verlag, Basel 1997

Griehl, Klaus: Schlangen – Schlangen verstehen ler-nen. 3. Auflage, München 1987

Grön, Ortrud: Das offene Geheimnis der Träume. Kore Edition, Freiburg 1998

Grön, Ortrud: Pflück Dir den Traum vom Baum der Erkenntnis – Träume im Spiegel von Naturgesetzen. Hrsg.: Bayerische Akademie für Gesundheit Lauterbacher Mühle Osterseen e. V. ehp Verlag, Köln 2007

Grön, Ortrud: Leben ist eine Kuh, die dauernd ihr Euter füllt – Weisheiten aus Träumen. ehp Verlag, Köln 2008

Helck, Wolfgang; Otto, Eberhard: (Westendorf, Wolfh. Hrsg.): Lexikon der Ägyptologie. Verlag Otto Harrasowitz, Wiesbaden 1980

Hopfner, Theodor: Plutarch über Isis und Osiris. Georg Olms-Verlag, Hildesheim 1974

Hornung, Erik: Totenbuch der Ägypter. Artemis-Verlag, München, Zürich 1979

Hornung, Erik: Ägyptische Unterweltsbücher. 2. Auflage, Artemis-Verlag, München, Zürich 1984

Ions, Veronica: Ägyptische Mythologie, Emil Vollmer-Verlag Wiesbaden 1968

Ions, Veronica: Die Götter und Mythen Ägyptens. Neuer Kaiser Verlag, Klagenfurt 1988

Kees, Hermann: Der Götterglaube im alten Ägypten. Akademie-Verlag, Berlin 1987

Küng, Hans: Der Anfang aller Dinge. Piper Verlag, München 2005

Küppers, Harald: Das Grundgesetz der Farbenlehre. DuMont Buchverlag, Köln 1978

Lorenz, Konrad: So kam der Mensch auf den Hund. dtv, München 1983

Lovelock, James: GAIA. Die Erde ist ein Lebewesen. Scherz Verlag, Bern 1992

Lurker, Manfred: Adler und Schlange – Tiersymbolik im Glauben und Weltbild der Völker. Rainer Wunderlich-Verlag Hermann Leins, Tübingen 1983

Maturana, Humberto R.; Varela, Francisco J.: Der Baum der Erkenntnis – die biologischen Wurzeln menschlichen Erkennens. Scherz Verlag, Bern 1987

Moncuit, Teddy; Daoues, Karim; Starosta, Paul: Reptilien. Knesebeck-Verlag, München 2004

Nullmeyer, Heide: Dem Traum des Lebens auf der Spur – Träume als Gleichnis von Naturgesetzen verstehen. Grundlagen der Traumarbeit nach Ortrud Grön; Doppel-DvD: Teil 1: Porträt Ortrud Grön, Teil 2: 18 interaktive Lehrmodule. www.motion2media.de

Oesterreicher-Mollwo, Marianne: Herder-Lexikon Symbole. Herder Verlag, Freiburg 1978

Raven, Peter H.; Evert, Ray F.; Curtis, Helena: Biologie der Pflanzen. Walter du Gruyter Verlag, Berlin 1985

Roeder, Günther: Urkunden zur Religion des alten Ägypten. Eugen Diederichs-Verlag, Düsseldorf, Köln 1978

Rohrbacher, Hubert: Einführung in die Psychologie. Urban und Schwarzenberg, Wien 1963

Silvester, Hans W.: Tauben. Müller Verlag, Rüschlikon – Zürich 1990

St. John, Jeffrey und die Redaktion der Time-Life-Bücher: Edelmetall – der Planet Erde. Verlag Time-Life-Bücher, Amsterdam 1984

Urania Tierreich, Die große farbige Enzyklopädie in zwölf Bänden. Leipzig, Jena, Berlin 1992

Williams, Heathcote: Kontinent der Wale. 2001 Verlag, Frankfurt/M. 1988

Zimmer, Heinrich: Mythen und Symbole in indischer Kunst und Kultur. Rascher Verlag, Zürich 1951

Zimniok, Klaus: Die Schlange, das unbekannte Wesen. In der Kulturgeschichte, freien Natur und im Terrarium. Landbuch Verlag, Hannover 1984

Zimniok, Klaus: Haie und andere Räuber der Meere. Landbuch Verlag, Hannover 1993

Stichwortverzeichnis

Das folgende Stichwortverzeichnis ist in Themenge-
biete untergliedert. Wer z. B. das Motiv »Weide« für
das Verständnis eines Traumes sucht, findet es als
Stichwort unter dem Eintrag *Pflanzen.* Bei Wortzu-
sammensetzungen wird als Stichwort nur der Grund-
begriff aufgeführt, d. h., wer »Pferdegewieher« sucht,
wird unter dem Stichwort »Pferd« fündig. Das Gleiche gilt für abgeleitete Wortbildungen wie »vergolden«
u. Ä. (siehe »Gold«).

Farben

Tiere

Personen, Berufe